Die Instruktion

für die Magistrate

und

die denselben untergeordneten

Verwaltungs-Deputationen

speziell:

Schul- u. Servis-Deputationen.

Textausgabe mit Anmerkungen

von

H. Steffenhagen,

Beigeordneter.

Dritte Auflage.

Berlin.

J. J. Heines Verlag.

1887.

Vorwort.

Die vorliegende mit kurzen einleitenden Bemerkungen und theilweise ausführlichen Anmerkungen versehene Textausgabe (Die Instruktion für die Magisträte und die denselben untergeordneten Verwaltungs-Deputationen) ist hauptsächlich für die unbesoldeten Mitglieder der Magisträte, sowie für die Mitglieder der Schul- und Servis-Deputationen bestimmt. Die Benutzung dieser Textausgabe soll den vorberegten Magistrats- und Deputations-Mitgliedern die Mühe ersparen, sich die in den Magistrats-Bibliotheken in der Regel nur in einem Exemplare vorhandenen Gesetzsammlungen oder Werke zu verschaffen, welche die oben beregten Instruktionen und die zu denselben erlassenen, in den einzelnen Bänden des Centralblattes für die gesammte Unterrichts-Verwaltung zerstreut abgedruckten Ministerial-Rescripte enthalten. Es muß nach einer vielfach gemachten Erfahrung jenen Mitgliedern die Gelegenheit geboten werden, sich bei Neuwahlen über den bei dem Magistrate und den Verwaltungs-Deputationen zu beobachtenden Geschäftsgang schleunigst zu informiren und bei den häufig vorkommenden Entscheidungen, welche sich auf den Inhalt der qu. Instructionen stützen, die betreffenden gesetzlichen Bestimmungen beständig zur Verfügung zu haben. Es wird erhofft, daß die vorliegende Textausgabe dem in der Praxis häufig hervortretenden Bedürfnisse, solche Gelegenheit zu bieten, entsprechende Rechnung tragen wird.

Demmin, den 12. Februar 1885.

H. Steffenhagen,
Beigeordneter.

Inhalts-Verzeichniß.

Seite

Einleitung VII

I. Die Instruktion für die Magisträte 1

II. Die Instruktion für die dem Magistrate untergeordneten Deputationen und Kommissionen . 33

A) Die Schul-Deputation:

a. Einleitende Bemerkungen 39

b. Die Ministerial-Instruktion vom 26. Juni 1811 41

c. Schlußanmerkung (über die fortdauernde Gültigkeit der Instruktion) 64

B) Die Servis-Deputation:

a. Einleitende Bemerkungen 65

b. Gesetz, betreffend die Quartierleistung für die bewaffnete Macht während des Friedenszustandes vom 25. Juni 1868 65

c. Ausführungs-Instruktion zu dem sub b bezielten Gesetze vom 31. December 1868 87

Einleitung.

Für den Geschäftsgang bei der Kommunal-Verwaltung der Preußischen Städte sind die Vorschriften der Instruktion für die Stadt-Magisträte vom 25. Mai 1835 in soweit maßgebend, als nicht die Städte-Ordnung für die Provinzen Preußen, Brandenburg, Pommern, Schlesien, Posen und Sachsen vom 30. Mai 1853 entgegenstehende ausdrückliche Bestimmungen enthält. Die zur Ausführung jener Städte-Ordnung erlassene Ministeral-Instruktion vom 20. Juni 1853 — cfr. Ministerialblatt 1853 pag. 138 — verordnet nämlich sub XIII:

> Insoweit das gegenwärtige Gesetz keine entgegenstehenden ausdrücklichen Bestimmungen enthält, sind für den Geschäftsgang bei der städtischen Verwaltung (§§ 56 und folg. des gegenwärtigen Gesetzes) die Vorschriften der auf Allerhöchste Anordnung

unter der Herrschaft der Städte-Ordnungen von 1808 und 1831 ergangene Instruktion für die Stadt-Magisträte in den Provinzen Brandenburg, Pommern, Preußen, Schlesien, Posen und Sachsen vom 25. Mai 1835 (Annalen XIX S. 733) beizubehalten.

Die Instruktion für die Stadt-Magisträte vom 25. Mai 1835 behandelt nun den Geschäftsgang in den Magistrats-Kollegien in den §§ 1—25, dagegen den Geschäftsgang bei den dem Magistrate untergeordneten Deputationen und Kommissionen in den §§ 26—31.

Es folgt danach im ersten Theile die Instruktion für die Magisträte, dagegen im zweiten die Instruktion für die denselben untergeordneten Deputationen und Kommissionen, und zwar in der heute geltenden Fassung unter Weglassung und resp. Abänderung der durch die Ministerial-Instruktion vom 20. Juni 1853 sub XIII und andere Gesetze obsolet gewordenen Bestimmungen.

I. Die Instruktion für die Magisträte.

§ 1.

Der Geschäftskreis des Magistrats umfaßt die Verwaltung

a) der eigentlichen Kommunal-Angelegenheiten, und

b) derjenigen Angelegenheiten, welche die Staatsbehörde dem Magistrat fortlaufend oder vorübergehend überträgt.

Nur auf die Verwaltung der zuerst gedachten Angelegenheiten bezieht sich die vorliegende Geschäftsanweisung. Für die sub b bezeichneten Angelegenheiten gelten zunächst die besonderen Vorschriften der Staatsbehörde über den dabei zu beobachtenden Geschäftsgang. Soweit aber dieselben den Bestimmungen des vorliegenden Regulativs nicht entgegen stehen, kann nach den letzteren ebenfalls verfahren werden.

§ 2.

Die Geschäfte werden entweder a, von dem

Magistrats-Kollegium in der Gesammtheit, oder b, von den entweder dauernd, oder auch nur zeitweise für einzelne Geschäftszweige gebildeten besonderen Deputationen besorgt.

§ 3.

Vor das Plenum des Magistrats gehören:

a) diejenigen Gegenstände, welche demselben nach den näheren Bestimmungen der Städte-Ordnung besonders überwiesen sind; ferner diejenigen Vermögens-Angelegenheiten, über welche die Stadtverordneten Gutachten, Erklärung oder Genehmigung abzugeben haben;

b) die Anstellung aller zur Kommunen-Verwaltung erforderlichen besoldeten und unbesoldeten Unterbeamten, unter Beobachtung der über diesen Gegenstand ergangenen besonderen Verordnungen, so wie die Annahme zeitweiser Hülfsarbeiter gegen diätarische Remuneration;

c) die Ausübung der der Stadt-Kommune in kirchlichen Angelegenheiten zustehenden Patronats- und Ehrenrechte, insbesondere die damit verbundenen Anstellungen der Geistlichen und sonstigen Kirchenbedienten, ingleichen die Besetzung der Lehrerstellen an den Schulanstalten;

d) die Ertheilung von Dienst-Instruktionen für die Mitglieder des Kollegii, Behörden und

Unterbeamten, desgleichen für die städtischen Verwaltungsdeputationen und Kommissionen, und deren Unterbehörden und Beamten.

Alle diese Instruktionen dürfen jedoch den in dieser Verordnung enthaltenen Vorschriften nicht entgegen sein; auch müssen sie, soweit sie den formellen Geschäftsgang betreffen, die Zustimmung des Magistrats=Dirigenten erhalten.

Anm. zu § 3 sub a. Der frühere Zusatz: „Diejenigen Angelegenheiten hingegen, mit welchen eine fortdauernde Administration verbunden ist, oder die eine anhaltende Aufsicht oder Kontrole, oder Mitwirkung an Ort und Stelle erfordern, müssen, wo die Städte=Ordnung vom 19. November 1808 gilt, und können, wo die revidirte Städte=Ordnung eingeführt ist, durch besondere Deputationen oder Kommissionen besorgt werden, welche unter Leitung und Aufsicht des Magistrats stehen und seinen Verfügungen Folge zu leisten haben", ist durch den § 59 der Städte=Ordnung vom 30. Mai 1853:

Zur dauernden Verwaltung oder Beaufsichtigung einzelner Geschäftszweige, sowie zur Erledigung vorübergehender Aufträge können besondere Deputationen entweder bloß aus Mitgliedern des Magistrats oder aus Mitgliedern beider Gemeindebehörden oder aus letzteren und aus stimmfähigen Bürgern gewählt werden.

Zu diesen Deputationen und Kommissionen, welche übrigens in allen Beziehungen dem Magistrat untergeordnet sind, werden die Stadtverordneten und stimmfähigen Bürger von der Stadtverordneten=Versammlung gewählt, die Magistratsmitglieder dagegen von dem Bürgermeister ernannt, welcher auch unter letzteren den Vorsitzenden zu bezeichnen hat.

aufgehoben bezw. modifizirt.

Anm. zu § 3 sub d. Vor das Plenum des Magistrats gehörten nach der Instruktion auch:

„Die Disziplin über die besoldeten Unterbeamten des Magistrats-Kollegii und der Verwaltungs-Deputationen und Kommissionen in denjenigen Fällen, wo die Dirigenten das ihnen § 20 sub 8 und § 27 sub 1 verliehene Strafrecht nicht für ausreichend erachten. Der Magistrat ist befugt, alle diese Beamten bis auf Höhe von zehn Thalern, oder verhältnißmäßigen, höchstens achttägigen Arrest, in Strafe zu nehmen. Der Rekurs geht an die Regierung. Ferner die Disziplin über die unbesoldeten Beamten des Magistrats und die Verwaltungs-Deputationen, sowie über die in den letzteren befindlichen Bürgermitglieder, wenn die Rügen der Dirigenten nicht fruchten, oder Beschwerden darüber geführt werden (§ 27 sub 2)."

Diese Bestimmung ist obsolet geworden durch den § 58 der Städte-Ordnung vom 30. Mai 1853, nach welcher zur Erhaltung der nöthigen Disziplin dem Bürgermeister das Recht zugesprochen ist, den Gemeindebeamten Geldbußen bis zu neun Mark und außerdem den unteren Beamten Arreststrafen bis zu drei Tagen aufzuerlegen.

§ 4.

Der Magistrat bildet ein Kollegium; der Dirigent desselben ist der Bürgermeister, in großen Städten der Oberbürgermeister. Die erforderlichen Beschlüsse müssen im versammelten Kollegium durch Stimmenmehrheit gefaßt werden. Nur unter dem Dirigenten, oder unter dessen Stellvertreter, dies letztere jedoch nur in den § 20

Nr. 12 bestimmten Fällen, ist das Kollegium zusammenzutreten und zu beschließen berechtigt.

§ 5.

Sämmtliche an den Magistrat eingehende Sachen werden vom Dirigenten eröffnet und präsentirt. Die vor das Kollegium gehörenden Gegenstände muß der Dirigent an dasselbe, die vor die Deputationen gehörigen an diese letzteren gelangen lassen. Was die ersteren betrifft, so ernennt der Dirigent, vermöge der ihm zustehenden Geschäftsvertheilung (siehe § 20 Nr. 2), die Dezernenten, in wichtigeren Fällen auch Kodezernenten, und schreibt ihnen die Sachen zu. Für Sachen, die einen bestimmten Geschäftsgang haben, kann der Dirigent ein für allemal einen Dezernenten ernennen.

Der Dirigent hat auch die Befugniß, in den zu den Deputationen gehörigen Angelegenheiten die Dezernenten zu ernennen, darf jedoch die Ausübung dieser Befugniß auch dem speziellen Dirigenten der Deputation übertragen. In kleineren Orten, wo es ohne Geschäftsüberhäufung möglich und zu besserer Uebersicht des ganzen Geschäftsganges rathsam ist, darf die Regierung dem Bürgermeister auch die Vertheilung der Sachen an die einzelnen Mitglieder der Deputation als Pflicht auflegen.

§ 6.

Der gesammte Geschäftsbetrieb beim Magistrats-Kollegio wird durch ein Hauptjournal kontrolirt, in welches jede eingehende Sache, so wie solche präsentirt und zugeschrieben worden, eingetragen, und darin so lange fortgeführt wird, bis sie erledigt ist.

§ 7.

Die eingetragenen Sachen gelangen zur Registratur, und werden von dort mit den vollständigen Akten, wenn ein Kodezernent ernannt ist, zunächst diesem zur Einsicht und etwaigen Beifügung seiner Bemerkungen, hierauf aber dem Dezernenten vorgelegt.

§ 8.

Alle bloß einleitende und vorbereitende Verfügungen, alle Sachen, die ihren angewiesenen Gang haben, alle unerhebliche Gegenstände, oder bei denen die Entscheidung auf unzweifelhaften und ausdrücklichen Bestimmungen beruht, werden, wenn die Regierung nicht eine andere Bestimmung trifft, ohne Vortrag abgemacht. Nur diejenigen kommen zum Vortrage, die entweder vom Dirigenten zum Vortrage geschrieben worden, oder bei denen die Dezernenten erhebliche Bedenken haben, oder die sie wegen ihrer besonderen Wichtigkeit zur Kenntniß des Kollegii zu bringen wünschen. Von den Sachen, welche vorgetragen worden, wird dies von dem Dirigenten in dem Journale bemerkt. Nur vom ernannten Dezernenten können die Sachen zum Vortrage gebracht werden. Glaubt ein Mitglied, daß eine nicht zu seinem Ressort gehörige Sache einer Berathung im Kollegio bedürfe, so muß dasselbe den Dirigenten hierauf aufmerksam machen, dem es überlassen bleibt, eine schriftliche Anzeige zu erfordern. Sehr schleunige zum Vortrage geschriebene Sachen muß der Dezernent nöthigenfalls mit dem Dirigenten sofort berathen; auch kann letzterer die dringendsten Verfügungen sofort erlassen; dem Magistrats-Kollegio aber muß dann in nächster Sitzung von dem Verfügten Nachricht gegeben, und zu den bereits erlassenen Verfügungen das etwa noch Nöthige ergänzt werden.

§ 9.

Die gewöhnlichen Vorträge werden ein für allemal durch den Dirigenten an bestimmten Tagen und Stunden angeordnet.

Er beruft, wenn es die Umstände erheischen, außerordentliche Sitzungen, zu welchen die Mitglieder des Kollegiums, unter Andeutung des Zwecks der Zusammenkunft, wenn dieser keine besondere Geheimhaltung erfordert, vorgeladen werden. — Die Mitglieder müssen sich zur bestimmten Stunde zu den Sitzungen einfinden.

Behinderungen, dem Vortrage beizuwohnen, müssen dem Vorsitzenden unter Anführung der Gründe schriftlich oder in Person angezeigt werden.

§ 10.

Der Dirigent leitet den Vortrag im Kollegio. Letzterer beginnt mit den eiligen Sachen; sodann folgt der der übrigen, in der Regel nach dem Dienstalter der Mitglieder. Sehr eilige und besonders wichtige Gegenstände müssen nach dem Ermessen des Dirigenten vorzugsweise zum Vortrag kommen. Der Dezernent giebt zuerst und hierauf der etwa ernannte Kodezernent seine Stimme ab; das Kollegium wird für bestimmend erachtet, wenn keine widersprechende Meinung sich äußert. Im entgegengesetzten Falle müssen die Widersprechenden mit ihren Meinungen gehört werden. Der Dirigent bestimmt erforderlichen Falls die Reihenfolge der Sprecher, sorgt dafür, daß einerseits der Sprechende in vollständiger Auseinandersetzung seiner Ansicht nicht unterbrochen, andererseits aber unnütze und ermüdende Abschweifungen vermieden und fremdartige Gegenstände nicht eingemischt werden. Nach Anhörung der verschiedenen Meinungen stellt er die Streitfragen zur Abstimmung fest; er berücksichtigt hierbei die ihm etwa hierüber gemachten Bemerkungen, und verfügt sodann die Abstimmung. Er sammelt die Stimmen von unten herauf nach dem Dienstalter der Mitglieder, er zählt die Stimmen, und spricht nach der Mehrheit derselben den Beschluß des Kollegii aus. Bei Gleichheit der Stimmen entscheidet die des Dirigenten. Dieser muß überhaupt darauf sehen, daß die Debatten mit Gründlichkeit, Ordnung, Ruhe und Leidenschaftslosigkeit geführt werden, und die Mitglieder müssen seinen diesfälligen Anordnungen Folge leisten. Sollten seine Ermahnungen ohne Erfolg bleiben, so hat er die Befugniß, die Diskussion des betreffenden Gegenstandes gänzlich abzubrechen, und dessen weitere Erörterung zur nächsten Sitzung zu verlegen; auch kann er, nach Bewandniß der Umstände, die ganze Sitzung auf einige Zeit sistiren, oder dieselbe gänzlich schließen. In solchen Fällen hat der Dirigent eine den Hergang der Sache darstellende Verhandlung aufzunehmen, dieselbe wenigstens von zwei Mitgliedern, welche sich der diesfälligen Aufforderung des Dirigenten unterziehen müssen, unterzeichnen zu lassen, und sie sodann der vorgesetzten Behörde einzusenden.

Anm. zu § 10. Der frühere Zusatz: „Beim Vortrage solcher Sachen, welche das besondere Privat-Interesse eines Mitgliedes oder seiner näheren Angehörigen berühren, muß letzteres auf Verlangen des Dirigenten sich aus der Sitzung entfernen. Auch der Dirigent darf dem Vortrage solcher Sachen, die sein oder seiner näheren Angehörigen Privat-Interesse angehen, nicht beiwohnen", ist aufgehoben durch den § 57 der Städte-Ordnung, nach welchem bei Berathungen über solche Gegenstände, welche das Privat-Interesse eines

Mitglieds des Magistrats oder seiner Angehörigen berühren, dasselbe sich der Theilnahme an der Berathung und Abstimmung enthalten, auch sich während der Berathung aus dem Sitzungszimmer entfernen muß.

§ 11.

Auf Verlangen der Majorität, oder nach dem besonderen Ermessen des Dirigenten, müssen Beschlüsse von Wichtigkeit, oder bei denen es auf eine besondere Verantwortlichkeit der einzelnen Mitglieder ankommt, niedergeschrieben und in der aufzunehmenden Verhandlung, für welche der Dirigent den Konzipienten ernennt, die Zahl der Anwesenden, sowie in Verantwortungsfällen die Stimmen dafür und dawider, namentlich verzeichnen, auch muß die Verhandlung dem Kollegio zur Genehmigung der Richtigkeit des Befundes vorgelesen, und zur Beglaubigung vom Dirigenten, dem Dezernenten und noch einem anderen vom Dirigenten zu bezeichnenden Mitgliede unterschrieben werden. Dergleichen Verhandlungen werden zu den betreffenden Akten genommen.

Sollte das Kollegium nur in geringer Zahl versammelt sein, so hat der Dirigent bei wichtigen Angelegenheiten, wenn es die Umstände gestatten, die Berathung bis zur nächsten Versammlung auszusetzen, und darauf zu halten, daß dieselbe durch die möglichst vollständige Zahl der Mitglieder erfolge.

§ 12.

Sachen, in welchen von Unterbehörden oder Personen blos Auskunft erfordert wird, werden, so weit es thunlich ist, diesen durch einen bloßen Vermerk auf die betreffende Journal-Nummer (br. m.) vorgelegt.

Die übrigen Verfügungen des Kollegii, welche an die Bittsteller oder an die Unterbehörden gelangen, werden in der Regel durch Abschriften der Dekrete erlassen, welche nach der von dem Dirigenten zu treffenden Einrichtung entweder gleich den Ausfertigungen zu vollziehen, oder von einem dazu zu bestimmenden Beamten zu beglaubigen sind.

Diejenigen Verfügungen, die sich nicht dazu eignen, insbesondere Berichte an die vorgesetzten und Schreiben an andere Behörden ꝛc., müssen im Konzept entworfen, und sodann förmlich ausgefertigt werden.

§ 13.

Alle blos einleitende und vorbereitende Dekrete an die Bureaus und die Beamten des Kollegii, und die zur Expedition bestimmten Dekrete gehen in der Regel unter der alleinigen Zeichnung des Dezernenten; doch kann sich auch der Dirigent deren Revision und Mitzeichnung vorbehalten, und ist, wenn dazu wegen besonderer persönlicher Verhältnisse Veranlassung vorhanden ist, dazu verpflichtet.

Dagegen gelangen alle anderen Verfügungen, insbesondere alle Konzepte, nachdem sie von dem Dezernenten vollzogen worden, falls ein Kodezernent ernannt ist, zunächst an diesen zur Mitzeichnung, sodann aber zur Revision des Dirigenten. Die Kodezernenten müssen bei eintretenden Zweifeln (siehe § 19) diese durch mündliche Rücksprache mit dem Dezernenten, oder durch Einwirkung des Dirigenten zu erledigen suchen.

Letzterer entscheidet bei Bedenken über die Form der Verfügung. Ist der Kodezernent mit dem Materiellen der Verfügung nicht einverstanden, so kann er die Sache zum nochmaligen Vortrage im Kollegio befördern.

§ 14.

Die Befugniß des Dirigenten bei der Revision der Dekrete und Konzepte beschränkt sich auf die Aenderung in Form und Fassung, (daß diese passend und schicklich erfolge, darauf hat er besonders zu sehen). Hält er die Fassung materiell für unrichtig, so muß er die Verfügung dem Dezernenten mit seinen Bemerkungen zurückgeben, kann auch zur weiteren Prüfung der Sache einen oder mehrere Kodezernenten ernennen; die Sache muß sodann, wenn keine Einigung stattfindet, im Kollegio vorgetragen werden. Bei dem hierauf gefaßten Endschlusse muß es, die § 20

Nr. 7 bezeichneten Fälle ausgenommen, verbleiben und ist der Dirigent das diesem gemäß gefaßte Konzept zu vollziehen verpflichtet.

Ohne diese Vollziehung darf kein Beschluß oder keine Verfügung des Kollegii in Reinschrift und zur Ausführung gebracht werden.

§ 15.

Auf Verlangen des Kollegii oder des Dezernenten, oder nach Befinden des Dirigenten, müssen Eingaben an des Königs Majestät, an die Königlichen Prinzen und an die vorgesetzten Behörden, oder Schreiben an die Stadtverordneten-Versammlung, so wie wichtige Ausarbeitungen überhaupt, nachdem sie zuvor zur Revision gekommen sind, dem Kollegio vollständig vorgelesen, und die etwa bei der Revision entstandenen, noch nicht erledigten Bedenken hierbei erörtert werden. Die Vorlesung ändert jedoch nichts in der Verpflichtung und Befugniß des Dezernenten und Revisors, für eine vollständige, passende und schickliche Fassung zu sorgen.

§ 16.

Die Magistrats-Kanzlei fertigt die Reinschriften der vollzogenen Dekrete und Konzepte, in sofern nicht etwa bestallungsmäßig dem Bürgermeister auferlegt ist, für Fertigung der Ab- und Reinschriften zu sorgen. Sie werden mit der bisher üblichen Firma des Magistrats versehen.

§ 17.

Die Reinschriften der Konzepte, insbesondere auch der Bürgerbriefe, werden in der Regel von drei Mitgliedern des Kollegii, einschließlich des Dirigenten, in ganz eiligen Fällen aber, wenn es zur Förderung dient, vom Dirigenten allein unterschrieben.

Anm. zu § 17. Auf Grund des § 5 der Städte-Ordnung bleibt es den statutarischen Anordnungen vorbehalten, inwiefern über die Erlangung des Bürgerrechts von dem Magistrate eine Urkunde (Bürgerbrief) zu ertheilen ist.

§ 18.

Jedem Mitgliede des Kollegii soll ein möglichst bestimmter, abgegrenzter Wirkungskreis zugetheilt werden; bei den besoldeten mit vorzüglichster Beobachtung der Gleichheit unter den einzelnen Mitgliedern, und mit Berücksichtigung der Arbeiten, die sie überhaupt, insbesondere auch bei den Deputationen zu besorgen haben; bei den unbesoldeten aber auch mit billiger Berücksichtigung ihrer bürgerlichen und sonstigen Verhältnisse.

Jedes Mitglied ist in dem ihm angewiesenen Geschäftskreise möglichst frei und selbstständig zu wirken befugt. Es muß denselben mit Wärme und innerer Theilnahme auffassen, mit Umsicht behandeln, fern von Leidenschaft und persönlichen

Rücksichten. Es muß sich nicht blos auf die zugeschriebenen Sachen beschränken, sondern aus eigenem Antriebe sich in fortwährender Kenntniß der ihm überwiesenen Verwaltungsgegenstände halten, und die angegebenen Verfügungen in ihrer Ausführung verfolgen, da, wo diese stockt, forthelfen, und die Säumigen erinnern. Die Mitglieder sind daher auch verpflichtet, die Geschäftsführung der unter ihnen arbeitenden Beamten zu beobachten, sie zurechtzuweisen, und sie nöthigenfalls dem Dirigenten zur Bestrafung anzuzeigen.

Auch die unbesoldeten Mitglieder müssen den Vorträgen des Kollegii beiwohnen, und nach und nach, besonders wenn sie es wünschen, bei den verschiedenen Deputationen beschäftigt werden, damit sie Gelegenheit erhalten, sich mit den verschiedenen Zweigen der Kommissions-Verwaltung bekannt zu machen.

Auch müssen sie bei außerordentlichen Geschäften, z. B. Stadtverordneten-Wahlen, zutreten. Sollte Letzteres mit ihren gewerblichen Verhältnissen nicht vereinbar, oder für dieselben zu störend sein, so müssen sie von dieser Uebernahme entbunden werden.

Der Dirigent ist nicht allein für einen schnellen und ununterbrochenen Betrieb, sondern auch für eine gründliche und vorschriftsmäßige Bearbeitung der ihm überwiesenen Gegenstände, sowie für eine anständige und schickliche Fassung der von ihm angegebenen Verfügung zunächst und vollständig verantwortlich. Von dieser prinzipalen Verantwortlichkeit wird er auch durch den Beitritt des Kollegii bei dem gehaltenen Vortrage nicht befreit. Er haftet für eine vollständige, richtige und aktenmäßige Darstellung des Sachverhältnisses, für den weiteren Betrieb der Sache, und für eine zweck- und ordnungsmäßige Ausführung des Beschlusses.

Die Kodezernenten können, wenn sie es für nothwendig erachten, und müssen, wenn es vom Dirigenten verlangt wird, ihr schriftliches Votum über den Gegenstand abgeben; sie haben darauf zu sehen, daß kein faktischer Irrthum bei der Sache obwaltet, daß die Verfügungen den bestehenden Gesetzen und Vorschriften nicht entgegen seien, daß die Expedition auf die zum Vortrage gelangten Sachen dem Beschlusse des Kollegii gemäß, ferner an sich schicklich, klar und bestimmt abgefaßt, mit den nöthigen Gründen unterstützt, und daß keine Sache ohne Vortrag abgemacht werde, welche dazu hätte gelangen sollen. Wird ein Mitglied vom Kollegio überstimmt, so darf es diesen Beschluß nicht vertreten, wenn es sein Votum schriftlich, unter Anführung der Gründe, zu den Akten gegeben, oder sich bei der über den Beschluß aufgenommenen Verhandlung (§ 11) für dissentirend erklärt hat. Der Dezernent und jeder, der die Sache zur Mitzeichnung und Revision erhält, kann sein abweichendes Votum der angegebenen Verfügung gleich beilegen; jedes andere Mitglied reicht dasselbe dem Dirigenten ein.

Anm. zu § 18 Abs. 4. In Betreff der Stadtverordnetenwahlen bestimmt der § 24 der Städte-Ordnung, daß der Wahlvorstand in jedem Wahlbezirk aus dem Bürgermeister oder einem von diesem ernannten Stellvertreter als Vorsitzenden und aus zwei von der Stadtverordneten-Versammlung gewählten Beisitzern bestehen soll.

Der frühere Zusatz: „Endlich sind sie (die Magistratsmitglieder) auch verpflichtet, Assessorate bei den Gewerken und Innungen zu übernehmen", ist durch den Wegfall des Assessorats obsolet geworden. Dagegen sind sie auf Grund der Anweisung zur Ausführung des Gesetzes vom 18. Juli 1881, betreffend die Abänderung der Gewerbe-Ordnung, verpflichtet, als Kommissare der Innungen zu fungiren.

§ 19.

Den Reinschriften der nach den Beschlüssen des Kollegii auszufertigenden Verfügung dürfen zwar keine Vota der einzelnen Mitglieder, selbst nicht das des Dirigenten, beigelegt werden, bei Eingaben und Berichten an die vorgesetzten Behörden kann jedoch die Minorität, selbst wenn sie aus wenigen oder aus einem einzelnen Mitgliede besteht, nach ihrer Wahl verlangen, entweder, daß ihre bei der Berathung aufgestellten Gründe in derjenigen Fassung, welche das von der Minorität dazu ausersehene Mitglied derselben vorlegt, vorausgesetzt, daß rücksichtlich der Schicklichkeit nichts dagegen zu erinnern, in den

Bericht aufgenommen werden, welchenfalls denn auch das Konzept des letzteren eben diesem Mitgliede der Minorität zur Mitzeichnung vorgelegt werden muß, oder daß, wenn die Minorität oder einzelne Dissentienten es vorziehen, die Darstellung ihrer Ansichten blos vollständig zu den Akten zu geben, dieses Umstandes im Bericht erwähnt, und dabei der Oberbehörde die eventuelle Einforderung anheim gegeben werden.

§ 20.

Der Dirigent (Bürgermeister oder Oberbürgermeister) ist der unmittelbare Vorgesetzte der Mitglieder des Kollegii und seiner Unterbeamten, so wie der mittelbare Vorgesetzte sämmtlicher übrigen Kommunalbeamten. Alle diese Beamten sind ebenso, wie die Mitglieder des Magistrats-Kollegii verpflichtet, ihm in den zu seinem Ressort gehörigen Angelegenheiten Folge zu leisten, und ihm auf Verlangen jede amtliche Auskunft über die zu ihrem Geschäftskreise gehörigen Gegenstände mündlich oder schriftlich zu ertheilen.

Zu seinem Ressort gehören insbesondere folgende Gegenstände:

1. Er leitet den formellen Geschäftsgang beim Magistrats-Kollegio; er trifft, so weit es nicht schon in der gegenwärtigen Verordnung geschehen, die zu dieser Leitung sowie zur Regelmäßigkeit, zum ununterbrochenen Fort-

gange und zur Kontrole des Geschäftsganges nöthigen Anordnungen, und giebt die hierzu erforderlichen Instruktionen.

2. Er vertheilt die Geschäfte unter die Mitglieder des Kollegii, so daß jede Sache in der Regel von dem gewöhnlichen Dezernenten bearbeitet wird. Auch sich selbst darf er, soweit es ihm die Direktion des Ganzen und die ihm etwa aufgetragenen besonderen Geschäfte gestatten, hierbei nicht übergehen. Diejenigen Gegenstände, welche die Versetzung, sowie die Entlassung der Mitglieder des Kollegii und dessen Unterbeamten betreffen, gehören, insoweit sie von dem Kollegio ressortiren, zur speziellen Bearbeitung des Dirigenten.

Er ernennt ferner, sowohl der Zahl als der Person nach, die Mitglieder aus dem Kollegio zu den bestehenden Verwaltungs-Deputationen und Kommissionen, ebenso auch zu den ihm nöthig scheinenden vorbereitenden Berathungen, sowie zur Besorgung einzelner Geschäfte. Dieses Ernennungsrecht schließt auch das Abberufungsrecht in sich.

3. Er sorgt für äußere Ordnung, Anstand und Würde in den Versammlungen des Kollegii, in dessen Verfahren und im Geschäftsverkehr überhaupt.

4. Er muß auf das Innere der Sachen ein-

gehen, auf vollständige Erörterung der Gegenstände halten, hinhaltende Verfügungen verhüten, für baldige Bescheide sorgen, und überhaupt darauf sehen, daß ein reges Leben in der Verwaltung herrsche, daß die dem Magistrat obliegende materielle Leitung derselben die nöthige Einheit und den erforderlichen Zusammenhang erhalte, daß dieselbe dem Besten der Kommune gemäß alles, was die Kenntniß der Stadtverordneten und deren Mitwirkung nach der Städte-Ordnung erheischt, vor die Stadtverordneten-Versammlung gebracht, und ihr nichts davon entzogen werde.

Er muß die städtischen Kommunal-Anstalten von Zeit zu Zeit revidiren, und darauf halten, daß sie ihrem Zwecke entsprechend verwaltet werden. Eingeschlichenen Mißbräuchen und kund gewordenen Mängeln hat er, soweit sie im bloßen Geschäftsgange liegen, unter Zuziehung der betreffenden Beamten, selbst abzuhelfen, soweit sie aber das Materielle der Gegenstände betreffen, bei den betreffenden Deputationen und erforderlichen Falls beim Kollegio selbst zur Sprache zu bringen.

5. Er muß sich um die Geschäftsführung sämmtlicher Deputationen und Kommissionen genau bekümmern, und diese Geschäftsführung

revidiren. Er hat in dieser Beziehung gleiche Befugnisse und Verpflichtungen, wie sie ihm vorstehend für die Revision der Kommunal-Angelegenheiten bezeichnet worden. Zu diesem Behufe muß er auch den Sitzungen derjenigen Deputationen, denen er nicht unmittelbar selbst vorsteht, von Zeit zu Zeit, und erforderlichen Falls auf längere Zeit beiwohnen. Bei seiner Anwesenheit in denselben ist er befugt, den Vorsitz zu übernehmen, mitzustimmen und anzuordnen, welche Sachen in seiner Gegenwart vorgetragen werden sollen.

Die vorstehenden Bestimmungen gelten auch von vorübergehenden Deputationen und Berathungen.

6. Er führt die Oberaufsicht über die gesammten städtischen Kassen und das Rechnungswesen, sowie über das Kämmerei-Depositorium und die Kassen der unter dem Magistrat stehenden Institute. Er ist befugt, extraordinaire Kassen-Revisionen für seine Person zu veranlassen, und muß dafür sorgen, daß jede unter der Aufsicht des Magistrats stehende Kasse, sowohl monatlich ordinair, als jährlich einmal extraordinair revidirt wird.

7. Er hat darauf zu sehen, daß der Magistrat und die Kommune ihren Verpflichtungen

gegen den Staat und dessen Behörden gebührend nachkommen.

8. Er ist verpflichtet, dafür zu sorgen, daß die Mitglieder und Unterbeamten des Kollegii ihren amtlichen Verpflichtungen genügen. Beschwerden über ihre Amtsführung gehören zunächst vor ihn, nicht vor das Kollegium.

Wenn Erinnerungen, Ermahnungen und ernstliche Zurechtweisungen nicht fruchten, so muß er, wenn es Mitglieder des Kollegii betrifft, dem Regierungspräsidenten Anzeige machen, welcher die nöthigen Strafverfügungen, und in den dazu geeigneten Fällen die Amtssuspension und Einleitung der Untersuchung zu veranlassen hat.

In Fällen, wo Gefahr im Vorzuge, oder die Verdunkelung eines Vergehens zu befürchten ist, kann er noch vor der Suspension eines Kommunal-Beamten die vorläufige Entbindung von den Geschäften ganz oder theilweise sofort verfügen; er muß aber dem Magistrat hiervon schleunigst Anzeige und gleichzeitig die nöthigen Anträge wegen Einleitung der Suspension machen.

9. Er ist befugt, den Unterbeamten des Kollegii bis auf 4 Wochen Urlaub zu ertheilen; längerer Urlaub muß für die Unterbeamten beim Magistrats-Kollegio nachgesucht werden. Der Dirigent selbst (der Beigeordnete, zweite

Bürgermeister nur, während er vertretungsweise die Funktionen des dirigirenden Bürgermeisters ausübt) hat von einer längeren als dreitägigen, jedoch den Zeitraum von 8 Tagen nicht übersteigenden Abwesenheit vom Amte dem Regierungspräsidenten Anzeige zu machen. Zu einer längeren als achttägigen Abwesenheit bedarf er des Urlaubs des Regierungspräsidenten. Das Nämliche gilt, falls eine andere Magistrats-Person als der Bürgermeister mit der Handhabung der Polizei in der Stadt beauftragt ist, für den betreffenden Beamten. Die nach Vorstehendem an den Regierungspräsidenten zu richtenden Anzeigen und Urlaubsgesuche sind — sofern die Stadt einem landräthlichen Kreisverbande angehört und die Ortspolizei nicht einer besonderen Königlichen Behörde übertragen ist — durch den Landrath an den Regierungspräsidenten einzureichen, die Bescheide der Letzteren auf gleichem Wege zurückzubefördern. Zugleich mit der Anzeige oder dem Urlaubsgesuche ist der Regierungspräsident jedesmal von den wegen Versehung des Dienstes während der Abwesenheit vom Amte getroffenen Anordnungen in Kenntniß zu setzen.

Die übrigen Magistratsmitglieder und die Beigeordneten, so lange letztere nicht vertretungsweise die Funktionen des Bürgermeisters ausüben, haben den Urlaub, ohne Unterschied der Dauer und ob sie besoldet sind oder nicht, bei dem dirigirenden Bürgermeister zu nehmen. Letzterer hat indessen dergleichen Beurlaubungen, sofern sie auf länger als vier Wochen erfolgen, dem Regierungspräsidenten anzuzeigen.

Der Dirigent hat dafür zu sorgen, daß die Magistrats-Mitglieder sowie die Unterbeamten, ihrer Verpflichtung gemäß, bei vorkommenden Reisen sämmtliche in die magistratualischen und in die Deputations-Geschäfte einschlagenden, in ihrem Gewahrsam befindlichen Akten in die Registratur abliefern; wenn letzteres nicht geschieht, so hat er anzuordnen, daß dieselben durch einen mit den nöthigen Instruktionen zu versehenden Beamten, nöthigen Falls auf exekutivischem Wege herbeigeschafft werden.

10. Ueber alles, was die ihm zustehende Disziplin über die Mitglieder und Beamten des Kollegii betrifft, führt er besondere Akten, und hat diese, sowie diejenigen Akten, welche sich auf die höhern Orts ihm persönlich gemachten Aufträge, oder auf solche Angelegenheiten beziehen, die eine besondere Geheimhaltung erfordern, im Rathhause unter seinem besonderen Verschlusse aufzubewahren.

11. Beschwerden über ihn wegen Ueberschreitung seiner Amtsbefugnisse und Dienstführung gehören nie zum Ressort des Magistrats-Kollegii, sondern zu dem der vorgesetzten Behörde, und zwar zunächst zu demjenigen des Regierungspräsidenten.

12. In Krankheits-, Abwesenheits- und sonstigen Behinderungsfällen muß er seine Stellvertretung in den größeren Städten, in welchen neben dem Oberbürgermeister ein Bürgermeister angestellt ist, diesem letzteren, in den anderen aber in der Regel dem der Dienstzeit nach ältesten Magistrats-Mitgliede übertragen, insofern nicht von dem Regierungspräsidenten einmal oder für immer ein anderer Stellvertreter ernannt ist. Wo besoldete Magistrats-Mitglieder vorhanden sind, sind diese nach obigen Vorschriften die Stellvertretung zu übernehmen verpflichtet, die unbesoldeten aber in solchem Falle sie abzulehnen befugt. Die Uebertragung der Geschäfte muß von dem Dirigenten schriftlich geschehen und zugleich schriftlich dem Magistrats-Kollegio sowohl, als dem Regierungspräsidenten angezeigt werden.

Sollte der Dirigent durch plötzliche Krankheit an der schriftlichen Anzeige behindert werden, oder vor Einrichtung der Stellvertretung dessen Tod eintreten, so hat das nach obigen Vorschriften zur Uebernahme der Stellvertretung verpflichtete Mitglied sich den Dirigenten-Geschäften zu unterziehen, das Kollegium aber dem Regierungspräsidenten Anzeige zu erstatten.

Es wird von dem Dirigenten erwartet, daß derselbe bei Ausübung der ihm in dieser Instruktion verliehenen Rechte und Pflichten Billigkeit und Schonung mit Kraft und Energie vereinigen, und eben so wenig den Vorwurf übertriebener Strenge als unzeitiger Nachsicht auf sich laden werde.

Wenn dem Dirigenten außer obigen Angelegenheiten noch besondere Verpflichtungen wegen der Expeditionen, der Registraturgeschäfte, der Reinschriften ꝛc. auferlegt werden sollen, so muß das Nähere hierüber unter Bestätigung des Regierungspräsidenten in der Bestallung festgesetzt werden.

Anm. zu § 20 sub 2 Abs. 2. Der frühere Zusatz, nach welchem der Bürgermeister auch die Mitglieder aus dem Kollegio zur Uebernahme von Assessoraten bei Gewerken zu ernennen hatte, ist aufgehoben — **cfr.** Anm. zu § 18. —

Anm. zu § 20 sub 7. Der frühere Zusatz: „Ist er (der Bürgermeister) mit dem Materiellen eines Magistratsbeschlusses deshalb nicht einverstanden, weil er ihn dem Staat, dessen Gesetzen und Verordnungen, oder den von den Staatsbehörden erlassenen Verfügungen entgegen erachtet, so ist er berechtigt und verpflichtet, das

Kollegium hierauf aufmerksam zu machen, nach nochmaligem fruchtlosen Vortrage der Sache aber der vorgesetzten Behörde solches schleunigst anzuzeigen und den Beschluß selbst so lange zu suspendiren, bis hierüber nähere Entscheidung ergangen ist", ist aufgehoben durch den § 15 des Zuständigkeitsgesetzes vom 1. August 1883, auf Grund dessen der Bürgermeister verpflichtet ist, Beschlüsse des Magistrats, welche dessen Befugnisse überschreiten oder die Gesetze verletzen, entstehenden Falles auf Anweisung der Aufsichtsbehörde, mit aufschiebender Wirkung unter Angabe der Gründe zu beanstanden.

Anm. zu § 20 sub 8 Abs. 4. Der frühere Zusatz: „Er (der Bürgermeister) ist befugt, die besoldeten Unterbeamten des Kollegii und der Verwaltungs-Deputation in Geldstrafen bis auf Höhe von fünf Thalern oder in Arreststrafen bis zu vier Tagen zu nehmen. Höhere Strafen gegen diese Beamte kann nur das Kollegium festsetzen, die Rekurse gegen die Strafverfügung des Dirigenten gehören vor die Regierung", ist aufgehoben:

a) durch den § 58 der Städte-Ordnung, nach welchem dem Bürgermeister zur Erhaltung der nöthigen Disziplin das Recht zusteht, den Gemeindebeamten Geldbußen bis zu neun Mark und außerdem den unteren Beamten Arreststrafen bis zu drei Tagen aufzuerlegen, und

b) durch den § 20 sub 2 des Zuständigkeitsgesetzes vom 1. August 1883, welcher bestimmt, daß gegen die Strafverfügungen des Bürgermeisters innerhalb zwei Wochen die Beschwerde an den Regierungspräsidenten und gegen den auf die Beschwerde ergehenden Beschluß des Regierungspräsidenten innerhalb zwei Wochen die Klage bei dem Oberverwaltungsgerichte stattfindet.

Anm. zu § 20 sub 9. Der § 20 sub 9 der Instruktion, welcher wesentlich anders, als vorsteht, lautet, ist aufgehoben durch das Ministerialreskript vom 13. Dezember 1867, welches die oben angegebenen Bestimmungen über den Urlaub festgestellt hat, jedoch abgesehen von dem letzten Satze, welcher mit der betreffenden Stelle der Instruktion völlig gleichlautend ist.

Anm. zu § 20 sub 11. An Stelle der Regierung, welche in der Instruktion benannt ist, tritt jetzt der Regierungspräsident auf Grund des § 7 des Zuständigkeitsgesetzes vom 1. August 1883.

§ 21.

In Städten, wo außer dem Oberbürgermeister noch ein Bürgermeister besteht, ist letzterer das erste Magistrats-Mitglied nach dem Oberbürgermeister. Er hat mit den übrigen Magistrats-Mitgliedern gleiche Rechte und Pflichten, insofern durch diese Ordnung nichts näheres bestimmt ist. Er ist der Stellvertreter des Oberbürgermeisters, in Gemäßheit der im vorigen § Nr. 12 enthaltenen Bestimmungen, und tritt als solcher in dessen Rechte und Pflichten. Doch darf er in der bisher beobachteten Ordnung und in den vom Oberbürgermeister getroffenen Einrichtungen, so wie in der Geschäftsvertheilung nichts ändern. In eiligen Fällen, welche eine Aenderung erheischen, müssen die Gründe davon zu den Akten vermerkt werden. Auch außer den

Stellvertretungsfällen ist der Bürgermeister den Oberbürgermeister in seinen Funktionen bei dringenden Umständen nach dessen Aufforderung zu unterstützen verpflichtet.

§ 22.

Der Kämmerer, insofern er als Magistrats-Mitglied fungirt, führt außer seinen Geschäften als Rendant, falls ihm die Rendantur städtischer Kassen übertragen worden, die Aufsicht über das ganze Rechnungswesen der Kommune, und bearbeitet in der Regel die Etats und die Generalien in Kassen- und Rechnungssachen. Er muß sich in fortdauernder Uebersicht von der gesammten Verwaltung des Kommunal-Vermögens erhalten, und dem Kollegio die Uebersichten über die Lage des Stadthaushalts und der städtischen Finanzen auf Erfordern geben, so wie auch bei Zeiten die nöthigen Anträge zur Beschaffung der Gelder machen. In wie weit derselbe noch sonstige Geschäfte zu bearbeiten hat, hängt von dem Umfange der Kassengeschäfte, von der bei seinem Eintritte ihm ertheilten Bestallung und nöthigenfalls von der Entscheidung des Regierungspräsidenten ab.

Anm. zu § 22. An die Stelle der Regierung, welche in der Instruktion benannt ist, tritt auch hier jetzt der Regierungspräsident auf Grund des § 7 des citirten Zuständigkeitsgesetzes.

§ 23.

Wo ein Syndikus als Magistrats-Mitglied angestellt ist, liegt demselben außer den allgemeinen Pflichten eines solchen und neben den ihm besonders zugetheilten Arbeiten ob, als Rechtskonsulent des Magistrats denselben mit seinem Rathe zu unterstützen, damit nichts Gesetzwidriges beschlossen werde. Er ist zur Bearbeitung der Prozeßsachen als Sachverständiger verpflichtet, hat die für die Mandatarien erforderliche Information anzufertigen, und überhaupt dahin zu sehen, daß die Prozesse der Kommune mit Gründlichkeit geführt werden.

Er hat für die gehörigen Formen aller rechtlichen Verhandlungen des Magistrats zu sorgen, und die Konzepte oder andere Ausfertigungen, wodurch das Kollegium Rechte erwirbt, oder Verbindlichkeiten eingeht, mitzuzeichnen; dabei ist er nicht für das Materielle, welches der Dezernent zunächst zu vertreten hat, wohl aber für die deutliche und richtige Fassung und dafür verantwortlich, daß aus der Verletzung rechtlicher Formen keine Rechtsstreite oder andere Nachtheile entstehen.

Er führt in der Regel die vorkommenden Disziplinaruntersuchungen gegen die Unterbeamten des Magistrats und der Verwaltungs-Deputationen.

Anm. zu § 23 Abs. 3. Der frühere Zusatz: „In Gewerksstreitigkeiten, welche nicht durch die Gewerks-Assessoren abgemacht oder beseitigt werden, ist er verpflichtet, die Resolute abzufassen", ist durch den Wegfall der Gewerks-Assessorate aufgehoben. Dagegen ist der Syndikus verpflichtet, in den nicht zur Kompetenz der Schiedsgerichte der Innungen gehörigen, sondern der Kompetenz des Magistrats etwa verbleibenden Gewerks-streitigkeiten die Resolute abzufassen.

§ 24.

In den Städten, wo ein Stadt-Baurath vorhanden, führt dieser die Aufsicht über das gesammte städtische Bauwesen, und ist Mitglied der Baudeputation.

Er sorgt für die Unterhaltung der Kommunal-Gebäude; er giebt dem Kollegio über die zu unternehmenden Neubauten und Reparaturen, sowie über die zu erwerbenden Grundstücke sein Gutachten, fertigt die verlangten Pläne und Anschläge, und leitet nach dem Beschluß des Kollegii die Ausführung; er muß diese fleißig besichtigen, und hierbei auch den Requisitionen der untern Kommunalbehörden, zu deren Ressort die betreffenden Bauten gehören, genügen.

Ihm liegt die Revision aller Anschläge, die Aufnahme der Revisions-Protokolle über gefertigte Bau-Arbeiten, und die Revision der Berechnungen nicht allein hinsichtlich der Preise, sondern auch hinsichtlich der richtigen und untadelhaften Ausführung der Arbeit ob.

In Feuer-Sozietäts-Angelegenheiten hat er

bei stattgefundenen Brandschäden nach den in dem für den Ort geltenden Reglement enthaltenen Bestimmungen zu verfahren.

§ 25.

Die Unterbeamten des Magistrats sind diesem und dessen Mitgliedern, sowie insbesondere dem Dirigenten Achtung und Folgsamkeit schuldig. Sie müssen nach den oben angegebenen Bestimmungen (§ 3 litt. e., § 20 Nr. 1) mit Dienstanweisung versehen werden.

II. Die Instruktion für die dem Magistrate untergeordneten Deputationen und Kommissionen.

Der bei solchen Deputationen und Kommissionen zu beobachtende Geschäftsgang wird im Allgemeinen durch die Bestimmungen der §§ 26 bis 31 der Instruktion vom 25. Mai 1835 normirt. Spezielle gesetzliche Instruktionen existiren nur für die Schuldeputationen.

Jene §§ 26 bis 31 lauten folgendermaßen:

§ 26.

Die Deputationen und Kommissionen des Magistrats führen unter Aufsicht und Leitung des Magistrats und in Gemäßheit der von diesem erlassenen Bestimmungen und Instruktionen die ihnen übertragenen Verwaltungen; sie stehen weder mit den Stadtverordneten-Versammlungen, noch mit anderen Behörden in direkter Verbindung, und können in letzterer Hinsicht nur örtliche Verhältnisse mit Zustimmung der Ortsbehörde eine Ausnahme begründen. Sie sind berechtigt, die Besorgung spezieller Geschäfte wieder einzelnen Kommissarien zu übertragen, und sich nach dem Gegenstande in die Spezial-Aufsicht zu theilen; doch kann dies nur mit Zustimmung des Vorsitzenden geschehen. Sie können zur Berathung einzelner, ihre Verwaltung betreffender Gegenstände andere Personen hinzuziehen. Dergleichen Personen haben aber kein Stimmrecht. Sie dürfen die Zahl ihrer Mitglieder nicht eigenmächtig verstärken oder vermindern.

Die Deputationen und Kommissionen sind in folgenden Fällen verbunden, beim Pleno des Magistrats anzufragen:

a) in allen Sachen, bei denen nach den Vorschriften der Städte-Ordnung die Erklärung oder Zustimmung der Stadtverordneten-Versammlung erforderlich ist;

b) bei Abweichungen von den angenommenen Verwaltungsgrundsätzen oder bestehenden Einrichtungen;

c) in allen Fällen, wo es auf Berichterstattung an die höheren Behörden ankommt.

In solchen Fällen müssen sie den Bericht, mit allen erforderlichen Materialien versehen, gleich im Namen des Magistrats im Konzept entwerfen, und ihn dem letzteren zur weiteren Veranlassung einreichen.

d) In Fällen, wo bei einer Sache mehrere Deputationen betheiligt sind und keine Einigung stattfindet;

e) bei Anstellung der zu ihrer Verwaltung gehörigen Subalternen, deren Besoldung, deren Verbesserung im Gehalte, ihre Suspension und Entlassung, ingleichen bei Annahme von Diätarien zu dauernder Beschäftigung;

f) in Disziplinar-Angelegenheiten ihrer unbesoldeten Beamten, wenn Verweise und Rügen des Vorsitzenden nicht ausreichen. (S. § 3 litt. d.)

§ 27.

Den Vorsitz in den Deputationen führt das älteste oder alleinige Magistrats-Mitglied. Gehört der Magistrats-Dirigent zu einer Deputation, so führt dieser den Vorsitz. Bei Behinderungen des Vorsitzenden tritt das dem Dienstalter nachfolgende Magistrats-Mitglied, sei es besoldet oder unbesoldet, hiernächst aber das im Dienste älteste Deputations-Mitglied an seine Stelle, insofern nicht der Magistrats-Dirigent diesen Vorsitz einstweilen selbst übernimmt. Bei längerer Abwesenheit oder Krankheit sorgt der Magistrats-Dirigent, falls er die Direktion der Deputation nicht selbst besorgen will, für die Stellvertretung dadurch, daß er ein anderes Magistrats-Mitglied deputirt.

Anm. zu § 27. Vor Erlaß der Städte-Ordnung vom 30. Mai 1853 stand auch den Vorsitzenden der einzelnen Deputationen das Recht der Disziplin zu. Der durch den § 58 der Städte-Ordnung aufgehobene betreffende Zusatz lautet so:

Was insbesondere die ihm zustehende Disziplin betrifft, so darf derselbe:

1. Ordnungsstrafen gegen die besoldeten Unterbeamten nur bis auf Höhe von zwei und einem halben Thaler oder zwei Tage Arrest verfügen. Der Rekurs gegen diese Strafverfügung geht an den Magistrats-Dirigenten. Höhere Strafen kann nur dieser oder das Magistrats-Kollegium nach Maßgabe der ihnen oben beigelegten Strafbefugniß verfügen. Auch ist die Regierung berechtigt, in den kleinen Städten das Strafrecht dem Magistrats-Dirigenten allein zu übertragen.
2. An die Bürgermitglieder der Deputation und die unbesoldeten Unterbeamten hat er die nöthigen Erinnerungen und Zurechtweisungen zu erlassen.
3. Der Vorsitzende darf sich nicht von der Bearbeitung und dem Vortrage der vor die Deputationen gehörigen Sachen ausschließen. Falls aber der Magistrats-Dirigent den Vorsitz führt, kann er zur Erleichterung in seinen übrigen Geschäften ein anderes Mitglied der Deputation mit jener Bearbeitung beauftragen.

§ 28.

Die Rechte und Pflichten der einzelnen Deputations-Mitglieder sind in dem der Deputation anvertrauten Verwaltungskreise dieselben, wie sie oben für die Magistrats-Mitglieder bestimmt sind.

§ 29.

Bei den Deputationen findet derselbe Geschäftsgang statt, wie bei dem Pleno des Magistrats. Diejenigen Sachen, welche an letzteres gelangen, müssen gehörig vorbereitet, zur Beschlußnahme reif und mit ihrem motivirten Gutachten über die zu erlassende Verfügung versehen sein. Sie werden dann in der Regel br. manu beim Pleno vorgelegt, und nur in besonderen Fällen, wo es die Umstände erheischen, mit besonderen Schreiben begleitet.

Es können jedoch zur Abkürzung des Geschäftsganges, besonders in den kleinen Städten, die beim Magistrat erforderlichen Anfragen, soweit sie sich dazu eignen, durch mündlichen Vortrag der in den Deputationen vorsitzenden Magistrats-Mitglieder im Magistrats-Kollegio erfolgen. Doch ist der Vortragende in Uebereinstimmung mit dem in der Deputation gefaßten Beschlusse seinen Vortrag zu halten, und seine Anträge zu machen verpflichtet. Auch haben diese Mitglieder in gleicher Art dem Magistrats-Kollegio von allem Erheblichen, was in den Verwaltungs-Deputationen vorkommt, Mittheilung zu machen, um jenes in fortdauernder Kenntniß von der Verwaltung der Deputationen zu erhalten. Bei eintretenden Zweifeln hat die Regierung hierüber das Nöthige festzusetzen.

Alle Verfügungen der Deputationen gehen unter deren besonderer Firma. Ein Schriftwechsel zwischen den verschiedenen Deputationen ist nicht zulässig. Sie theilen sich ihre Beschlüsse br. m. mit, erörtern dieselben bei Verschiedenheit der Meinungen gemeinschaftlich, und berichten nöthigenfalls an das Plenum des Magistrats.

§ 30.

Gehen Beschwerden über die Geschäftsverwaltung der Deputationen beim Magistrat ein, oder gelangt derselbe sonst zur Kenntniß von Unregelmäßigkeiten und Mängeln in deren Geschäftsführung, so ist er dieselben zu untersuchen und abzustellen verpflichtet.

Der Dirigent ernennt hierzu nöthigenfalls besondere Kommissarien, welche sich der Revision jener Mängel unterziehen und dem Magistrat zur weiteren Beschlußnahme Bericht erstatten müssen.

Beschwerden über einzelne Verfügungen der Deputationen muß der Magistrat in der Art zu erledigen suchen, daß er sie auf dem kürzesten Wege untersucht, prüft, ob die Verfügung den bestehenden Gesetzen und Verordnungen, sowie seinen daraus hergeleiteten Verwaltungs-Grundsätzen gemäß ist, und falls die Beschwerde begründet ist, der Deputation die erforderliche Weisung zu deren Abhülfe ertheilt, auch den Beschwerdeführer hiervon benachrichtigt; falls aber die Beschwerde unbegründet befunden wird, den Beschwerdeführer selbst zurechtweiset. Die Deputation muß also in Fällen, wo sie gefehlt hat, unter Leitung des Magistrats die Sache selbst wieder in das richtige Gleis bringen, und ein förmlicher Instanzenzug möglichst vermieden werden.

§ 31.

Nach vorstehenden Bestimmungen haben sich die Mitglieder der Magistrats-Deputationen und Kommissionen, sowie sämmtliche Unterbeamten und Unterbehörden derselben genau zu richten.

A. Die Schuldeputation.

Die Schuldeputation, welcher die Leitung und Beaufsichtigung des städtischen Schulwesens obliegt, unterscheidet sich wesentlich von den übrigen nach § 59 der Städte-Ordnung vom 30. Mai 1853 zu bildenden Verwaltungs-Deputationen, und zwar hauptsächlich dadurch, daß die Schuldeputation sich als eine besondere, in sich geschlossene, mit der Kommunal-Verwaltung zwar zusammenhängende, ihrem Zwecke nach aber der Unterrichts-Verwaltung angehörige Institution darstellt und ihre Mitglieder deshalb der staatlichen Bestätigung bedürfen, während die übrigen Verwaltungsdeputationen lediglich als Beirath und Organ des Magistrats fungiren und deshalb eine staatliche Bestätigung nicht erforderlich ist. Die Schuldeputation vereinigt also in sich zwei Hauptfunktionen, und zwar rücksichtlich der äußeren Verwaltung des Schulwesens (externa) als Beirath und Organ der städtischen Behörden, dagegen auf dem Gebiete der Schulaufsicht (interna) als Hülfsorgan der staatlichen Schulaufsichtsbehörde.

Das Verhältniß der Schuldeputation zu dem Magistrate und den Schulaufsichtsbehörden ist in verschiedenen Ministerial-Reskripten festgestellt, nämlich:

a) Durch das M.-R. vom 21. Dezember 1864, nach welchem die Schuldeputationen besondere, für die Zwecke des Unterrichtswesens eingesetzte Behörden bilden, welche, wenn auch im Auftrage des Magistrats, so doch selbstständig die Schulsachen bearbeiten und das Unterrichtswesen leiten.

b) Durch das M.-R. vom 19. Oktober 1868, welches die Schuldeputation als eine besondere, in sich geschlossene, mit der Kommunal-Verwaltung zwar zusammenhängende, ihrem Zwecke nach aber der Unterrichts-Verwaltung angehörige Institution darstellt.

c) Durch das M.-R. vom 28. Dezember 1883, welches bestimmt, daß die Schuldeputationen bezüglich der äußeren Verwaltung des Schulwesens nur Beirath und Organ der städtischen Behörden, auf dem Gebiete der Schulaufsicht aber dazu berufen sind, die staatlichen Aufsichtsbeamten in der Führung ihres Amtes zu unterstützen, keineswegs jedoch die Thätigkeit derselben auszuschließen, sowie daß ihnen ein Anspruch darauf, die innere und äußere Verwaltung des Schulwesens in erster Instanz allein zu führen, nicht zusteht, und ebensowenig das Recht, Beschlüsse über die inneren Angelegenheiten der Schule ohne jede Mitwirkung der Ortsschulinspektoren zu fassen und in Vollzug zu setzen.

Die Organisation, der Wirkungskreis und die Geschäftsverwaltung der Schuldeputationen sind geregelt durch die nachstehende Ministerial-Instruktion vom 26. Juni 1811:

I. Organisation der städtischen Schuldeputation.

§ 1.

Die Schuldeputationen sollen nach Maßgabe der Größe der Städte und des Umfanges ihres Schulwesens bestehen:

1. aus einem bis höchstens drei Mitgliedern des Magistrats,

2. aus eben soviel Deputirten und Stadtverordneten,
3. einer gleichen Anzahl des Schul- und Erziehungswesens kundiger Männer, und
4. aus einem besonderen Vertreter derjenigen Schulen, welche, ungeachtet sie nicht städtischen Patronats sind, den städtischen Schuldeputationen werden untergeordnet werden. In der Regel werden daher in den großen Städten 9, in den mittleren Städten 6, und in den kleinen Städten 3 Personen und die etwaigen Vertreter derjenigen Schulen, welche nicht städtischen Patronats sind, die Schuldeputationen bilden.

Außerdem sollen in den größeren Städten die Superintendenten, insofern sie nicht schon zu ordentlichen Mitgliedern der Schuldeputation ernannt sind, das Recht haben, in derselben die Schulangelegenheiten ihrer Diözesen, so weit diese vor die dasige Schuldeputation gehören, vorzutragen, und darüber ihre Stimme abzugeben.

Anm. 1 zu § 1. Das Ministerial-Reskript vom 25. Juni 1873 entscheidet, daß der Schulrektor als solcher der Schuldeputation gegen ihren resp. des Magistrats erklärten Willen als stimmberechtigtes Mitglied nicht aufgedrungen werden kann, erklärt es aber nicht bloß für zuläßig, sondern auch angemessen und üblich, daß der Rektor, wenn er nicht zum stimmberechtigten Mitglied der Schuldeputation ernannt ist, zu den Sitzungen derselben mit berathender Stimme hinzugezogen wird.

Anm. 2. Die Regierung ist befugt, die Hinzuziehung der Superintendenten als Kreis-Schulinspektoren zu den Sitzungen der Schuldeputationen anzuordnen. Mit Rücksicht darauf, daß im Prinzipe bereits im § 9 Tit. 12 Theil II des Allgemeinen Landrechts anerkannt worden, die Schulaufsicht gebühre ausschließlich dem Staate, und mit Rücksicht auf den Umstand, daß zur Zeit des Erlasses der Instruktion vom 26. Juni 1811 die Schulaufsicht ausschließlich in den Händen von Geistlichen war, unterliegt es schon nach der gedachten Instruktion keinem Zweifel, daß der Superintendent lediglich in seiner Eigenschaft als Kreis-Schulinspektor an der Thätigkeit der Stadtschul-Deputation Theil zu nehmen berufen war. Könnte in dieser Richtung noch ein Zweifel bestehen, so würde er gehoben werden durch die Cirkular-Reskripte vom 22. April 1823 und vom 21. November 1827 (von Kamptz Annalen Band VII), welche bestimmt zu erkennen geben, daß der Superintendent nur in seiner Eigenschaft als Schulinspektor zuzuziehen ist. (Ministerial-Reskript vom 11. Dezember 1876).

§ 2.

Bei Errichtung der Schul-Kommissionen treten in den großen und mittleren Städten zuerst die vom Magistrat und von den Stadtverordneten gewählten Deputirten zusammen und wählen zu jeder, mit sachverständigen Mitgliedern zu besetzenden Stelle (§ 1 Nr. 3) drei Subjekte. Diese werden vom Magistrat der Geistlichen- und Schuldeputation der Regierung vorgeschlagen, welche für jede Stelle eins aushebt und nebst den übrigen Mitgliedern der städtischen Schuldeputation bestätigt.

In den kleineren Städten, welche nicht über 3500 Einwohner haben, bedarf es der Wahl eines besonderen sachkundigen Mitgliedes nicht, sondern der jedesmalige Superintendent, wenn die Stadt der Sitz einer Superintendentur ist, oder sonst der erste Prediger eines Ortes, soll schon von Amtswegen ohne weitere Wahl als sachverständiges Mitglied eintreten. Sollten irgendwo Gründe vorhanden sein, welche eine Abweichung hiervon nöthig machen, so sind diese den Regierungen genau und bestimmt anzuzeigen.

Die Vertreter der Schulen, welche nicht städtischen Patronats sind, ernennt die Regierung ohne vorhergegangene Wahl der städtischen Behörden.

Anm. zu § 2. Weitere die Stellung der Superintendenten zu den Schuldeputationen betreffende speziellere Bestimmungen enthält das nachfolgende Cirkular-Reskript des Ministers der geistlichen, Unterrichts- und Medizinal-Angelegenheiten vom 21. November 1827 (von Kamptz Annalen Band IX):

In der unter dem 26. Juni 1811 erlassenen Verfügung, betreffend die Instruktion für die Schuldeputationen in den Städten, ist festgesetzt, daß der jedesmalige Superintendent, wenn die Stadt der Sitz einer Superintendentur ist, oder sonst der erste Prediger des Orts schon von Amtswegen zur Stelle des sachkundigen Mitgliedes der städtischen Schuldeputation bestimmt ist, und falls irgendwo eine Abweichung hiervon nöthig wäre, von dem Ministerio nach Vorlegung der Gründe anders verfügt werden soll. Nach einer mehrjährigen Erfahrung und in Erwägung, daß den Superintendenten vermöge ihrer Stellung als perpetuirliche Kommissarien der Königlichen Regierung die Aufsicht über die Verwaltung des Schulwesens auch der Städte obliegt, sieht sich das Ministerium veranlaßt, die obige Festsetzung dahin zu modifiziren, daß in den Städten, wo mehrere Geistliche vorhanden sind oder an einer Kirche stehen, nicht der Superintendent, sondern der diesem zunächst folgende Geistliche der städtischen Schuldeputation als sachkundiges Mitglied beigeordnet werden soll. Hingegen soll der Superintendent in den Städten, wo er der einzige Geistliche ist, der städtischen Schuldeputation bei ihren regelmäßigen Versammlungen in seiner Qualität als Ortsgeistlicher auch fernerhin angehören. Durch dieses Verhältniß des Superintendenten als Ortsgeistlichen zu der städtischen Schuldeputation soll aber seine Befugniß, als Superintendent die betreffenden Schulen zu revidiren und die erforderlichen Anträge an die Königliche Regierung zu machen, keineswegs beschränkt werden, wie es denn auch der Regierung nach wie vor frei steht, den betreffenden Superintendenten in wichtigen Fällen zu außergewöhnlichen Zusammenberufungen der Schuldeputation, wo die Berathung unter seinem, als des Königlichen Kommissarius Vorsitze stattfinden wird, mit besonderem Auftrage zu versehen.

Uebrigens bemerkt das Ministerium, daß in den Städten, wo, der obigen Bestimmung gemäß, künftig nicht der Superintendent die Stelle des sachkundigen Mitgliedes in den Schuldeputationen einnehmen wird, es die Pflicht der zu denselben gehörigen Geistlichen ist, sowohl über das Aeußere als das Innere der ihrer Mitaufsicht untergebenen Schulen regelmäßige Jahresberichte und über einzelne wichtige Vorfälle und Beschlüsse außerordentliche Anzeigen, unabhängig von der Schuldeputation, an den vorgeordneten Superintendenten zu erstatten, sowie es dem letzteren vorbehalten bleibt, in Folge der bei den Schulen vorgenommenen Revisionen oder auf Grund der eingegangenen Berichte der Ortsgeistlichen die Schuldeputationen zu außerordentlichen Berathungen zusammenzuberufen und darin das Nöthige zur Sprache und zum Beschlusse zu bringen, wobei es sich von selbst versteht, daß ihm in solchen Fällen als Kommissarius der Königlichen Behörde der Vorsitz gebührt. (Ann. Bd. XI S. 960).

§ 3.

In Städten, wo es Schulen verschiedener Konfessionen giebt, welche alle städtischen Patronats sind, ist bei der Zusammensetzung der Schuldeputation hierauf Rücksicht zu nehmen und das gehörige Verhältniß zu beobachten.

§ 4.

In Städten, wo es mit der Schuldeputation in Verbindung stehende Gelehrtenschulen giebt, wird es zweckmäßig sein, daß unter den sachkundigen Mitgliedern immer ein Rektor oder einer der ersten Lehrer bei derselben sich befinde.

Anm. zu § 4. Unter den „Gelehrtenschulen" sind zu verstehen diejenigen höheren Lehranstalten, welche unter dem Ressort des Königlichen Provinzial-Schulkollegium stehen, d. h. Gymnasien, Realgymnasien, Progymnasien und Prorealgymnasien sowie alle in der Entwickelung begriffenen höheren Lehranstalten, welche als Endziel die Berechtigung zur Ausstellung gültiger Zeugnisse über die wissenschaftliche Qualifikation zum einjährigen freiwilligen Militairdienst sich gesteckt haben.

§ 5.

Die mit sachverständigen Mitgliedern zu besetzenden Stellen dürfen zwar nicht ausschließlich Geistlichen, sondern können auch anderen würdigen und einsichtsvollen Männern übertragen, müssen jedoch so viel als möglich mit Geistlichen besetzt werden.

Anm. zu § 5. Das Ministerial-Reskript vom 4. Juli 1873 verwahrt gegen die Auffassung, daß, wenn Geistliche, denen ein Hinderniß an der Mitwirkung in der Schuldeputation nicht entgegensteht, an dem Orte vorhanden sind, in jedem Falle auch ein Geistlicher als technisches Mitglied in der Schuldeputation gewählt und bestätigt werden muß, und deklarirt demgemäß den Ausdruck „so viel als möglich" dahin, daß die schätzenswerthe Mitwirkung der Geistlichen in allen Fällen anzustreben ist, in welchen dieselbe den obwaltenden Umständen nach als dem Interesse des Schulwesens förderlich erscheint.

§ 6.

Die städtischen Behörden haben bei der Wahl der Mitglieder der Schuldeputationen dahin zu sehen, daß nur rechtschaffene, verständige, für die gute Sache des Schul- und Erziehungswesens erwärmte und von ihren Mitbürgern geachtete Männer in die Schuldeputationen gesetzt werden.

Anm. zu § 6. Juden kann der Eintritt in die Schuldeputation um ihres religiösen Bekenntnisses willen nicht versagt werden. — cfr. Ministerial-Reskript vom 26. Januar 1871.

§ 7.

Die Verhältnisse der Mitglieder der Schuldeputationen unter einander bestimmen sich nach § 176 der St.-O.

Anm. zu § 7. Der § 176 der Städte-Ordnung lautet: In diesen Deputationen und Kommissionen hat die darin sitzende älteste oder alleinige Magistratsperson den Vorsitz, allein jedes Mitglied eine gleiche Stimme, ebenso, wie in anderen Kollegien dem Vorsitzenden die Entscheidung zusteht

§ 8.

Die Stellen in den Schuldeputationen werden gleich den Stellen in den übrigen städtischen Deputationen nach § 181 der St.-O. immer auf sechs Jahre besetzt. Nach Verlauf dieser Zeit werden die Deputationen auf dieselbe Art, wie zu Anfang, erneuert, und es können zwar die vorigen Mitglieder wieder deputirt und gewählt, müssen aber sämmtlich der Geistlichen- und Schuldeputation der Regierung auf's Neue zur Bestätigung vorgeschlagen werden. Es steht jedoch jedem Mitgliede frei, nach drei Jahren abzutreten.

Anm. 1 zu § 8. Die nach § 59 der Städte-Ordnung vom 30. Mai 1853 dem Bürgermeister zustehende Befugniß, die Magistratsmitglieder der städtischen Deputationen zu ernennen, findet auch auf die Schuldeputation Anwendung (cfr. Ministerial-Reskript vom 12. August 1870). Da die den einzelnen Beamten und Behörden durch das Gesetz übertragenen ressortmäßigen

Befugnisse integrirende Theile der organischen Gesammtverfassung des Staats bilden, und sich der anderweiten autonomen Regelung, insbesondere im Wege des städtischen Statutarrechts, entziehen, so können die städtischen Körperschaften nicht für befugt erachtet werden, an die Stelle des dem Bürgermeister zustehenden Rechts bezüglich der Ernennung der Magistratsmitglieder der Schuldeputationen ein Wahlrecht des Magistrats zu setzen. — (Ministerial-Reskript vom 18. Mai 1875).

Anm. 2. Der § 181 der Städte-Ordnung von 1808 lautet: Jedes Bürgermitglied der § 179 bestimmten Deputationen bekleidet seine Stelle sechs Jahre, nach deren Ablauf eine neue Wahl eintritt: es bleibt jedoch jedem Mitgliede frei, nach drei Jahren abzutreten.

II. Wirkungskreis und Amtsverwaltung der städtischen Schuldeputationen.

§ 9.

Die Behörden für die inneren und für die äußeren Angelegenheiten des Schulwesens der Städte im Allgemeinen sollen nicht abgesondert von einander bestehen, sondern es soll die städtische Schuldeputation, um das Ganze unter eine einfache und harmonische Leitung zu bringen, nur eine einzige Behörde sowohl für die inneren als für die äußeren Angelegenheiten des Schulwesens ihrer Stadt bilden.

Anm. 1 zu § 9. Die Schuldeputation ist die einzige Behörde für die innern und äußern Angelegenheiten des Schulwesens. Der Magistrat ist als solche Behörde nicht anzusehen, wenn auch die Schuldeputation im

Auftrage desselben die Schulsachen bearbeitet und das Unterrichtswesen leitet. Die Urlaubsgesuche der Lehrer sind deshalb nicht an den Magistrat, sondern an die Schuldeputation zu richten, welche sich nach zuvoriger Verhandlung mit dem Kreisschulinspektor über Ablehnung oder Gewährung des Urlaubs schlüssig zu machen hat. (Ministerial-Reskript vom 19. Oktober 1868).

Anm. 2. Die Leitung und Beaufsichtigung des Schulwesens gehört nicht zu den Gemeinde-Angelegenheiten, und ist daher die Stadtverordneten-Versammlung durch kein Gesetz berufen oder ermächtigt, jene zu ihrem Geschäftskreise zu ziehen. Insbesondere steht derselben die Wahl der technischen Mitglieder der Schuldeputation nach der hierbei allein maßgebenden Instruktion vom 26. Juni 1811 nicht zu. (Ministerial-Reskript vom 30. Juni 1862).

§ 10.

Der Wirkungskreis der städtischen Schuldeputation dehnt sich zunächst auf sämmtliche Lehr- und Erziehungs-Anstalten innerhalb der Städte und deren Vorstädte aus, welche städtischen Patronats sind, ohne Unterschied der Konfessionen und der verschiedenen Arten und Grade der Schulen. Die städtischen Waisenhäuser, Armen- und milden Stiftungsschulen sind mit darunter begriffen, und nur in Ansehung der Verwaltung konkurrirt bei diesen die Armendirektion.

Ferner werden sämmtliche Elementarschulen in den Städten, welche nicht städtischen Patronats, und zwar die Königlichen ganz mit Vorbehalt der Vermögens-Verwaltung für die Patronen, ingleichen der Lehrerwahlen überhaupt (§ 21), den städtischen Schuldeputationen untergeordnet, desgleichen die Schulen der jüdischen Gemeinden.

Schulen gemischten städtischen und fremden Patronats, ohne Unterschied ihres Grades, werden der Aufsicht der städtischen Schuldeputationen ebenfalls übergeben, und nur ein oder zwei Deputirte von Seiten des anderen Patronats nach Maßgabe der Wichtigkeit der Schulen den Deputationen zugeordnet.

Ueber alle Privatschulen und Privatinstitute führen unter Leitung der Regierung die Schuldeputationen diejenige Aufsicht, welche der Staat in Ansehung derselben ausübt.

Anm. zu § 10. Ueber die Geschäftsvertheilung in den Schuldeputationen äußert sich das Ministerial-Reskript vom 25. Juni 1873 also: Daß bei der Geschäftsvertheilung die interna dem sachkundigen Mitgliede zur Bearbeitung zugewiesen werden, entspricht allerdings der Natur der Sache. Erledigt aber das technische Mitglied diese Geschäfte allein und ohne Betheiligung der andern, so werden dieselben der Verwaltung der Schuldeputation entzogen und ist es daher erforderlich, daß das technische Mitglied über alle interna von einiger Bedeutung der Deputation Mittheilung macht. Insofern aber über die bezüglichen Maßnahmen eine Differenz zu Tage tritt, ist die Entscheidung der vorgesetzten Aufsichtsbehörde einzuholen.

§ 11.

Das den Schuldeputationen zugestandene Recht

erstreckt sich dahin, daß sie auf genaue Befolgung der Gesetze und Anordnungen des Staats in Ansehung des ihnen untergebenen Schulwesens halten, auf die zweckmäßigste und den Lokalverhältnissen angemessenste Art sie auszuführen suchen, darauf sehen, daß das Personal derer, die am Schulwesen arbeiten, seine Pflicht thut, und dasselbe dazu anhalten, daß sie das Streben zum Bessern in demselben anzufachen, und endlich einen regelmäßigen und ordentlichen Schulbesuch sämmtlicher schulfähigen Kinder des Orts zu bewirken und zu befördern suchen. Sie haben deswegen nicht nur die Befugniß, den Prüfungen und Censuren der Schulen beizuwohnen, sondern sind auch verpflichtet, diese von Zeit zu Zeit außerordentlich zu besuchen und sich auf's genaueste in ununterbrochener Kenntniß ihres ganzen innern und äußern Zustandes zu erhalten. Vorzüglich liegt dies den sachkundigen Mitgliedern der Schuldeputationen ob.

Anm. zu § 11. Das Ministerial-Reskript vom 15. Juni 1883 bestimmt, daß die Befugniß zum Besuche der Schule den einzelnen Mitgliedern der Schuldeputation nur insoweit zusteht, als sie hierzu von der Schuldeputation beauftragt worden sind.

Anm. 2. Das Recht, gegen die Lehrer mit Ordnungsstrafen vorzugehen, steht nicht der Schuldeputation zu, sondern nur der Königlichen Regierung. Die Schuldeputation ist dagegen ebenso als der Schulinspektor berechtigt, den Lehrern Warnungen und Zurechtweisungen zu ertheilen.

§ 12.

In Beziehung auf die Rektoren der größeren Schulen müssen aber die Deputationen den Gesichtspunkt fassen, daß diesen innerhalb des durch die Gesetze und Vorschriften des Staats gezogenen oder noch zu bestimmenden Geschäftskreises die freieste Wirksamkeit zu lassen sei, und daher einer positiven Einmischung in deren amtlichen Wirkungskreis gänzlich zu enthalten.

Anm. zu § 12. Unter „größeren Schulen" sind zu verstehen die im § 4 beregten Gelehrtenschulen.

§ 13.

Die Spezialaufsicht, welche Prediger und Schulvorsteher außer den Deputationen ausüben, wird übrigens durch die Errichtung der letzteren nicht aufgehoben, sondern nur mit der allgemeinen Oberaufsicht derselben in Verbindung gesetzt.

Anm. 1 zu § 13. Die Superintendenten üben die Spezialaufsicht über das Schulwesen als Kommissarien der Königlichen Regierung aus und haben als solche Aufträge der Regierung ohne Rücksicht auf etwaigen Einspruch der Schuldeputation zu erledigen. Den Auftrag zur wiederkehrenden Revision von Privatschulen dem Kreisschulinspektor ein für allemal zu ertheilen, steht nicht mit dem Geiste der gesetzlichen Vorschriften, insbesondere der Instruktion vom 26. Juni 1811 und der §§ 34 ff. der Provinzial-Schulordnung vom 11. Dezember 1845 in Widerspruch; ein solcher Auftrag wird vielmehr für angemessen zur zweckentsprechenden Ausübung des Oberaufsichtsrechts der Königlichen Regierung anerkannt. (Ministerial-Reskript vom 12. Mai 1873).

Auch den Landräthen steht als den ständigen Kommissarien der Königlichen Regierung bei der Leitung und Beaufsichtigung des Schulwesens eine Mitwirkung zu. Maßgebend für die Kompetenz der Landräthe sind die Aufträge, welche ihnen Seitens der Königlichen Regierung ertheilt werden. Diese Kompetenz erstreckt sich indeß nur auf die externa, weil die Behandlung der interna ausschließlich den Schulinspektoren zugewiesen ist.

Anm. 2. In den Fällen, in welchen für die Beaufsichtigung der Schulen eines Kreises ein besonderer Kreisschulinspektor bestellt ist, gehen auf diesen die den Superintendenten in der Instruktion vom 26. Juni 1811 eingeräumten Rechte über.

§ 14.

Bei der Aufsicht über die Töchterschulen werden die Schuldeputationen die verständigsten und achtbarsten Frauen aus den verschiedenen Ständen zu Rathe ziehen, ihnen wesentlichen Antheil an Schulbesuchen, Prüfung und Beurtheilung der Arbeiten, der Erziehung und Unterweisung geben, und die Hausmütter des Orts auf alle Weise für die Verbesserung der weiblichen Erziehung zu interessiren suchen.

Sie dürfen deshalb zu den Schulbesuchen nicht immer dieselben Frauen einladen, sondern können darin abwechseln. Die Spezialaufsicht über einige Mädchenschulen dürfen sie Frauen, welche vorzüglich Sinn und Eifer für Beförderung einer guten Erziehung an den Tag legen, übertragen und sie zu Mitvorsteherinnen derselben ernennen.

§ 15.

Eben so sehr aber, wie auf die Thätigkeit der Schuldeputationen in der Aufsicht über das Schulwesen, wird auf ihren Eifer in der Fürsorge für dasselbe, um es in guten Stand zu bringen und darin zu erhalten, gerechnet. Sie haben daher dafür zu sorgen, daß jeder Ort die seiner Bevölkerung und seiner Bedeutsamkeit angemessene Anzahl und Art von Schulen erhalte, daß das Vermögen, die Gebäude und sonstigen Pertinenzien der Schulen ungeschmälert in guter Verfassung und in Verlegenheiten ihrer Städte möglichst geschont bleiben, auch daß sie nach den Bedürfnissen vermehrt, verbessert, zweckmäßiger eingerichtet und verwaltet werden. Nach den Bedürfnissen der Schulen in Ansehung des Unterrichts und seiner Hülfsmittel haben sie sich sorgfältig zu erkundigen, und so oft sie dergleichen wahrnehmen, oder sie ihnen angezeigt werden, ihnen nach Möglichkeit entweder selbst abzuhelfen oder den kompetenten Behörden darüber Anträge zu machen.

Anm. 1 zu § 15. Alle an die Aufsichtsbehörde zu sendenden Anzeigen, Berichte 2c. sind durch Vermittlung der Kreis-Schulinspektoren zu expediren (Ministerial-Reskript vom 13. August 1861).

Anm. 2. Ueber die Anordnung von Neu- und Reparaturbauten bei Schulen, welche der allgemeinen Schulpflicht dienen sowie über die öffentlich-rechtliche

Verpflichtung zur Aufbringung der Baukosten beschließt, sofern Streit entsteht, die Schulaufsichtsbehörde.

Gegen den Beschluß findet die Klage im Verwaltungsstreitverfahren statt. Dieselbe ist, soweit der in Anspruch Genommene zu der ihm angesonnenen Leistung aus Gründen des öffentlichen Rechts statt seiner einen Anderen für verpflichtet erachtet, zugleich gegen diesen zu richten.

Auch im Uebrigen unterliegen Streitigkeiten der Betheiligten (Absatz 1) darüber, wem von ihnen die öffentlich-rechtliche Verbindlichkeit zum Bau oder zur Unterhaltung einer der Erfüllung der allgemeinen Schulpflicht dienenden Schule obliegt, der Entscheidung im Verwaltungsstreitverfahren.

Die Klage ist in den Fällen des zweiten Absatzes innerhalb zwei Wochen anzubringen. Die zuständige Behörde kann zur Vervollständigung der Klage eine angemessene Nachfrist gewähren. Durch den Ablauf dieser Fristen wird jedoch die Klage im Verwaltungsstreitverfahren auf Erstattung des Geleisteten gegen einen aus Gründen des öffentlichen Rechts verpflichteten Dritten nicht ausgeschlossen.

Zuständig im Verwaltungsstreitverfahren ist, soweit es sich um Stadtschulen handelt, in erster Instanz der Bezirksausschuß. (cfr. Zuständigkeitsgesetz vom 1. August 1883 § 47).

§ 16.

Das Ansehen der Schulen und ihrer Lehrer haben sie aufrecht zu erhalten und dahin zu streben, daß diesen durch eine sorgenfreie Lage die zur Erfüllung der Pflichten ihres verdienstlichen und schweren Berufs nöthige Heiterkeit und Muße erhalten werde. Das Interesse ihrer Mitbürger für das Schulwesen sollen sie zu beleben und dasselbe zu einem der wichtigsten Gegenstände ihrer Aufmerksamkeit und Pflege zu machen sich bemühen.

Anm. zu § 16. Ueber die Feststellung des Geldwerthes der Naturalien und des Ertrages der Ländereien bei amtlicher Festsetzung des Einkommens der Elementarlehrer beschließt auf Anrufen von Betheiligten, sofern es sich um Stadtschulen handelt, der Bezirksausschuß. Der Beschluß des Bezirksausschusses ist endgültig. (Zuständigkeitsgesetz vom 1. August 1883 § 45).

§ 17.

Mit der Fürsorge für die Schulen hängt zusammen die Aufsicht über die Verwaltung ihres Vermögens, welche den Schuldeputationen in Betreff der ihnen uneingeschränkt (§ 10) übergebenen Schulen zusteht. Wo ein gemeinschaftlicher Schulfonds in den Städten schon existirt oder noch gebildet wird, da steht dieser unter unmittelbarer Administration der Schuldeputation. So wie diese das Maß des Schulgeldes für diejenigen Schulen, welche ihnen uneingeschränkt anvertraut worden, nach den Lokalverhältnissen der Geistlichen und Schuldeputation der Regierung vorschlagen und darauf antragen können, welcher Theil desselben zum allgemeinen Schulfonds zu ziehen, und welcher den Lehrern einer jeden Schule zur Vertheilung nach gewissen Verhältnissen zu lassen sei, so sorgen sie auch andererseits für pünktliche Ausführung der höheren Orts hierüber etwa schon getroffenen oder noch zu treffenden Festsetzungen.

§ 18.

Auch haben sie die Einrichtung zu treffen, daß das Schulgeld nicht durch die Lehrer, sondern durch die Vorsteher der einzelnen Schulen erhoben und der Schuldeputation nach den in jeder Stadt angenommenen Grundsätzen verrechnet werde.

§ 19.

Jede Schule behält aber ihr eigenes Vermögen, und nur die Etats sämmtlicher Schulen werden den Schuldeputationen der Regierung zur Vollziehung eingesandt. Auch die sämmtlichen Jahresrechnungen werden den Deputirten vorgelegt, welche sie nach § 183 der Städte-Ordnung von den Stadtverordneten-Kollegien dechargiren lassen. Im Allgemeinen finden aber auch in Absicht des von den Schuldeputationen zu verwaltenden Schulvermögens die §§ 2, 183, 184 und 186 der Städte-Ordnung Anwendung.

Anm. 1 zu § 19. Unterläßt oder verweigert eine Stadtgemeinde resp. ein Schulverband, die ihnen gesetzlich obliegenden, von der Behörde innerhalb der Grenzen ihrer Zuständigkeit festgestellten Leistungen auf den Haushaltsetat zu bringen oder außerordentlich zu genehmigen, so verfügt der Regierungspräsident unter Anführung der

Gründe die Eintragung in den Etat, beziehungsweise die Feststellung der außerordentlichen Ausgabe. Gegen die Verfügung des Regierungspräsidenten steht der Gemeinde die Klage bei dem Oberverwaltungsgerichte zu. (cfr. §§ 19 und 48 des Zuständigkeitsgesetzes vom 1. August 1883).

Anm. 2. Die §§ 2, 183, 184 und 186 der Städte-Ordnung von 1808 lauten also:

§ 2. Die oberste Aufsicht übt der Staat dadurch aus, daß er die gedruckten Rechnungs-Extrakte oder die öffentlich darzulegenden Rechnungen der Städte über die Verwaltung ihres Gemeindevermögens einsieht, die Beschwerden einzelner Bürger oder ganzer Abtheilungen über das Gemeinwesen entscheidet, neue Statuten bestätigt und zu den Wahlen der Magistrats-Mitglieder die Genehmigung ertheilt.

§ 183. Die Stadtverordneten in der Gesammtheit kontrolliren die ganze Verwaltung des städtischen Gemeinwesens in allen Zweigen.

a) Alle Kämmerei- und städtische Kassen-, auch Nutzungs- und Verbesserungs-Etats, nebst Etats-Ueberschreitungen werden der Stadtverordneten-Versammlung zum Gutachten vorgelegt, und der Magistrat darf deren Erinnerungen, so weit Gesetze oder höhere Vorschriften ihnen nicht entgegen stehen, nicht unbeachtet lassen.

b) Neue Gehälter dürfen weder beim Kämmerei- noch beim Armenwesen, mithin überhaupt aus keinen städtischen Fonds ohne Einwilligung der Stadtverordneten zugestanden werden, sobald nicht allgemeine Vorschriften solche nothwendig machen.

c) Ueber anzustellende Prozesse — abzuschließende Vergleiche — Aufnahme und Kündigung von Kapilien — Veräußerung und Verpfändung der Kämmereigüter — Belegung derselben mit Dienstbarkeiten — Pläne zur Bewirthschaftung von Grundstücken — Nutzungen und Administrations-Gegenständen des Gemeinwesens — außerordentliche Hölzschläge in den städtischen Waldungen — Bedingungen bei Vererbpachtung oder Verzeitpachtung von Grundstücken und Nutzungen — die Gebote bei den deshalb gehaltenen Licitationen — jeden Neubau — jeden Lieferungs Kontrakt — jede Remissions-Anweisung — und überhaupt über alle Gemeine-Gegenstände von Wichtigkeit, sollen künftig jederzeit die Stadtverordneten sich zuvor erklären, und deren Erinnerungen genau berücksichtigt werden.

d) Die Rechnungen von allen Deputationen, Kommissionen, Bezirksvorstehern, mit Einschluß der Rechnungen vom Armenwesen, ingleichen die Haupt-Kämmerei-Rechnungen müssen an die Stadtverordneten-Versammlung gelangen. Jede verwaltende Behörde ist schuldig, der Rechnung ihres Ressorts eine Uebersicht von ihrer Administration beizufügen, welche vom Magistrat mit den erforderlichen Bemerkungen begleitet werden soll. Die Stadtverordneten prüfen die Administration und besorgen die Rechnungsabnahme durch einen jedesmal zu ernennenden Ausschuß aus ihrer Mitte. Von diesem wird in einem durch Anschläge in der Stadt öffentlich bekannt gemachten Termin, worin jeder Bürger Zutritt hat, die eingekommene Rechnung abgenommen. Die Stadtverordneten bestimmen hiernächst durch Beschluß die Erinnerungen und entscheiden nach deren Beantwortung darüber. In großen und mittlern Städten werden Rechnungs-Extrakte mit einem Auszuge aus der Uebersicht der verwaltenden Behörde und den Bemerkungen des Magistrats, ingleichen die Erinnerungen und hiernächst die Entscheidung abgedruckt, wovon jeder

Stadtverordnete ein Exemplar umsonst und jeder Bürger auf Verlangen dergleichen gegen Bezahlung erhält.

e) Jeder Neubau wird von den Stadtverordneten durch eine Deputation derselben abgenommen, und es gilt davon dasselbe, was wegen der Rechnungs-Abnahme angeordnet ist.

f) Die Stadtverordneten sind befugt, selbst die Geschäftsführung der Deputationen und Kommissionen durch Deputationen aus ihrer Mitte zu untersuchen. Sie müssen jedoch jedesmal zuvor beim Magistrat auf die Zuordnung eines Magistratsgliedes antragen.

§ 184. Für die Beschaffung der öffentlichen Geldbedürfnisse haben die Stadtverordneten zu sorgen. Sie bestehen aus Gemein-Geldbedürfnissen, Polizeikosten und Kosten der Justizverwaltung. Die beiden letzten Gattungen von Ausgaben werden vom Staate durch dessen Behörden bestimmt und können nicht versagt werden, wiewohl der Bürgerschaft bei eigener Ausführung der Polizei-Anstalten jede, dem Zweck unbeschadet zulässige Ersparung unbenommen bleibt. Die Gemeine-Geldbedürfnisse werden vom Magistrat zusammengestellt. Die Stadtverordneten haben aber die Nothwendigkeit derselben zu prüfen und lediglich die Bedarfs-Summe zu bestimmen.

Die Art der Deckung der öffentlichen Geldbedürfnisse schlägt der Magistrat der Versammlung der Stadtverordneten mit Rücksicht auf die Kämmerei-Etats und Rechnungs-Abschlüsse vor. Die Stadtverordneten entscheiden darüber und vertheilen das von den Stadteinwohnern aufzubringende Quantum unter Bürger und Schutzverwandte.

Findet der Magistrat jedoch bei den Bestimmungen der Stadtverordneten erhebliche Bedenken, die ihn Gefahr für das Gemeinwesen oder die Erreichung der Staatszwecke fürchten lassen, und kann er sich mit der Versammlung der Stadtverordneten nicht einigen, so bleibt ihm der Rekurs an die Ober-Landes-Behörde vorbehalten.

§ 186. Damit wegen der Geldmittel keine Verlegenheit durch die getheilte Administration entsteht, so muß:

a) Jeder Deputation und Kommission, mit Ausnahme der Armen-Direktion, ihr besonderer Etat gegeben werden, dessen Betrag sie ohne Genehmigung des Magistrats nicht überschreiten darf.

b) Die Bezirksvorsteher und einzelnen Kommissarien erhalten bestimmte Summen, bis zu deren Betrag sie, ohne fernere Anweisungen, nur Ausgaben bestreiten dürfen.

c) Die Armen-Direktion wird in den vorhandenen Anstalten und in der Wohlthätigkeit der Stadteinwohner die erforderlichen Mittel zu ihren Zwecken finden. Insofern aber die Abstellung der Straßenbettelei und die Erhaltung der ganz hülflosen Einwohner dadurch nicht erreicht wird, so müssen die Stadtverordneten hierzu Mittel gewähren und diese der Armen-Direktion überwiesen werden.

§ 20.

Jährlich vor dem Jahresschlusse erstatten sie einen ausführlichen Bericht über die in dem Schulwesen vorgegangenen Veränderungen und den gegenwärtigen innern und äußern Zustand desselben an die vorgesetzte Geistliche und Schuldeputation der Regierung.

Anm. zu § 20. Die vorgesetzte Schulaufsichtsbehörde ist jetzt die Königliche Regierung, Abtheilung für Kirchen- und Schulwesen.

§ 21.

Die Lehrerwahlen bleiben bei den Schulen, die rein städtischen Patronats sind, noch bei den Magisträten, nur daß das Gutachten der sachverständigen (§ 1 Nr. 3) Mitglieder der Schuldeputationen jedesmal eingezogen werden muß. An Schulen gemischten Patronats werden die Lehrer für Stellen, zu denen die Wahl bisher nicht städtischen Behörden zustand, ferner von diesen gewählt, ohne Konkurrenz des Magistrats und der Schuldeputation.

Anm. zu § 21. Bei den Wahlen der Lehrer an Schulen rein städtischen Patronats ist die Mitwirkung der Stadtverordneten-Versammlung ausgeschlossen, da derselben ein Recht zur Theilnahme und Mitwirkung bei der Leitung und Beaufsichtigung des Schulwesens nicht zusteht. (Ministerial-Reskript vom 28. Mai 1845).

§ 22.

Die Mitglieder der Schuldeputation halten ihre ordentlichen Zusammenkünfte alle vierzehn Tage auf dem Rathhause des Orts, außerdem aber versammeln sie sich, so oft es nöthig ist. Es steht ihnen frei, Geistliche oder andere sachverständige Männer außer den Deputirten in vorkommenden Fällen zuzuziehen, auch bei außerordentlichen Veranlassungen größere Versammlungen der

Prediger, Lehrer oder Schulvorsteher eines Orts zu veranstalten.

Anm. zu § 22. Es steht dem Bürgermeister, wenn er auch der Schuldeputation nicht angehört, frei, an den Schuldeputationssitzungen mit Stimmrecht Theil zu nehmen und den Vorsitz zu übernehmen. Diese Befugniß, welche in Betreff aller städtischen Deputationen anerkannt ist, entspricht der Stellung des Bürgermeisters und erscheint auch mit den Bestimmungen der Instruktion vom 26. Juni 1811 nicht unverträglich. (Ministerial-Reskript vom 31. Oktober 1878).

Schlußanmerkung zur Instruktion.

Es sind in älterer Zeit Bedenken gegen die noch fortdauernde Gültigkeit der Instruktion vom 26. Juni 1811 erhoben worden. Diese Bedenken können als beseitigt angesehen werden. Denn abgesehen davon, daß viele Ministerial-Reskripte, welche in dem Centralblatt für die gesammte Unterrichtsverwaltung abgedruckt sind, jene Instruktion als fortdauernd gültig bezeichnen, so haben die Cirkular-Reskripte vom 18. August 1851 und vom 17. Februar 1854 ausdrücklich anerkannt, daß der Einführung der Gemeinde-Ordnung vom 11. März 1850 und der Städte-Ordnung vom 30. Mai 1853 ein die seither bestandenen Verhältnisse abändernder Einfluß auf die Einrichtung, Verwaltung und Beaufsichtigung des Schulwesens in den betreffenden Gemeinden nicht zuzugestehen ist.

B. Die Servis-Deputation.

Für die Servis-Deputation, welcher nachstehende Funktionen in Gemäßheit des Reichsgesetzes vom 25. Juni 1868 und der Instruktion vom 31. Dezember 1868:

1. die örtliche Vertheilung der Quartierleistung (§ 5 Ges. und § 6 Instr.),
2. die Aufstellung, Auslegung und Berichtigung des Orts-Einquartierungskatasters (§ 6 Ges. und § 7 Instr.),
3. die Erledigung von Beschwerden in Einquartierungs-Angelegenheiten (§ 12 und 13 Ges. und § 13 ff. Instr.)

obliegen, sind die in den citirten §§ enthaltenen Instruktionen maßgebend.

Die Mitglieder der Servis-Deputation werden sich deshalb Kenntniß von dem Inhalte der vorgenannten Gesetze verschaffen müssen, welche mit Weglassung der Anlagen also lauten:

I. Gesetz, betreffend die Quartierleistung für die bewaffnete Macht während des Friedenszustandes vom 25. Juni 1868.

Wir Wilhelm 2c. verordnen im Namen des Norddeutschen Bundes, nach erfolgter Zustimmung des Bundesrathes und des Reichstages, was folgt:

§ 1.

Die Fürsorge für die räumliche Unterbringung der bewaffneten Macht während des Friedenszustandes, das heißt so lange nicht das Gesetz vom 11. Mai 1851 wegen der Kriegsleistungen und deren Vergütung in Wirksamkeit ist, ist eine Last des Bundes, deren Naturalleistung nur gegen Entschädigung gefordert werden kann.

§ 2.

Für die bewaffnete Macht sind während des Friedenszustandes an Wohnungs- und sonstigen Gelassen auf Erfordern zu gewähren:

1. Für Truppen in Garnisonen, so lange und in soweit deren Unterbringung in Kasernen nach § 10 des Preußischen Gesetzes über die Einrichtung des Abgabenwesens vom 30. Mai 1820 nicht zur Ausführung gebracht sein wird, sowie für Truppen in Kantonnements, deren Dauer von vornherein auf einen sechs Monate übersteigenden Zeitraum festgesetzt ist:
   a) Quartier für Mannschaften vom Feldwebel abwärts,
   b) Stallung für Dienstpferde;
2. bei Kantonnirungen von nicht längerer als der zu 1. angegebenen oder von unbestimmter Dauer, bei Märschen und Kommandos:

a) Quartier für Offiziere, Beamte und Mannschaften,
b) Stallung für die von denselben mitgeführten Pferde, soweit für dieselben etatsmäßig Rationen gewährt werden,
c) das erforderliche Gelaß für Geschäfts-, Arrest- und Wachtlokalitäten.

Zur bewaffneten Macht im Sinne dieses Gesetzes sind zu rechnen:
die Truppen des Norddeutschen Bundes und der mit ihm zu Kriegszwecken verbündeten Staaten, nebst dem Heergefolge.

§ 3.

Der Umfang der Leistungen wird durch das sub Littr. A anliegende Regulativ, die dafür vom Bunde zu gewährende Entschädigung durch den sub Littr. B anliegenden Tarif und bis auf Weiteres durch die sub Littr. C anliegende Klassen-Eintheilung der Orte bestimmt.

Vom Jahre 1872 ab unterliegen Tarif und Klassen-Eintheilung einer allgemeinen, alle fünf Jahre zu wiederholenden Revision.

§ 4.

Der Bund ist berechtigt, gegen Gewährung der im § 3, beziehungsweise im beigefügten Tarif bestimmten Entschädigung die Beschaffung der Quartierleistungen zu verlangen und dazu alle benutzbaren Baulichkeiten in Anspruch zu nehmen, soweit dadurch der Quartiergeber in der Benutzung der für seine Wohnungs-, Wirthschafts- und Gewerbebetriebs-Bedürfnisse unentbehrlichen Räumlichkeiten nicht behindert wird.

Befreit hiervon sind nur:

1. die Gebäude, welche
   a) sich im Besitze der Mitglieder regierender Familien befinden,
   b) zu den Standesherrschaften der vormals reichsständischen oder derjenigen Häuser gehören, denen diese Befreiung durch Verträge zugesichert ist oder auf Grund besonderer Rechtstitel zusteht;
2. die Wohnungen der Gesandten und des Gesandtschaftspersonals fremder Mächte; ferner, in Voraussetzung der Gegenseitigkeit, die Wohnungen der Berufskonsuln fremder Mächte, sofern sie Angehörige des entsendenden Staates sind und in ihrem Wohnort kein Gewerbe oder keine Grundstücke besitzen;
3. diejenigen Gebäude und Gebäudetheile, welche zu einem öffentlichen Dienst oder Gebrauch bestimmt sind, ohne Rücksicht auf deren Eigenthums-Verhältnisse; insonderheit also die zum Gebrauch von Behörden bestimmten, sowie die zum Betriebe der Eisenbahnen erforderlichen Gebäude und Gebäudetheile;

4. Universitäts- und andere zum öffentlichen Unterricht bestimmte Gebäude, Bibliotheken und Museen;
5. Kirchen, Kapellen und andere dem öffentlichen Gottesdienste gewidmete Gebäude, sowie die gottesdienstlichen Gebäude der mit Korporationsrechten versehenen Religionsgesellschaften;
6. Armen-, Waisen- und Krankenhäuser, Besserungs-, Aufbewahrungs- und Gefängnißanstalten, sowie Gebäude, welche milden Stiftungen angehören und für deren Zwecke unmittelbar benutzt werden;
7. neu erbaute oder vom Grunde aus wieder aufgebaute Gebäude bis zum Ablauf zweier Kalenderjahre, in welchem sie bewohnbar, beziehungsweise nutzbar geworden sind.

Zu neuen, einen Kostenaufwand verursachenden Herstellungen können die Verpflichteten ohne Gewährung vollständiger Entschädigung Seitens des Bundes nicht angehalten werden.

§ 5.

Die örtliche Vertheilung der Quartierleistung erfolgt auf die Gemeinde- resp. selbstständigen Gutsbezirke im Ganzen.

Die weitere Untervertheilung geschieht durch die Gemeindevorstände resp. die Besitzer der selbstständigen Gutsbezirke, welche für die gehörige und rechtzeitige Erfüllung der Quartierleistungen zu sorgen haben.

In den Städten kann die dauernde Verwaltung der Einquartierungs-Angelegenheiten einer aus Mitgliedern des Gemeindevorstandes und der Gemeindevertretung, oder aus letzteren und aus von der Gemeindevertretung gewählten Gemeindemitgliedern gebildeten Deputation übertragen werden.

§ 6.

In allen Ortschaften, welche mit Garnison belegt werden sollen, wird der Umfang, in welchem die Quartierleistungen gefordert werden können, durch Kataster bestimmt, welche alle zur Einquartierung benutzbaren Gebäude unter Angabe ihrer Leistungsfähigkeit enthalten müssen und von dem Gemeindevorstand, beziehungsweise der Servisdeputation alljährlich aufgestellt werden.

Die von den Gemeinden in Gemäßheit eines mit der Militairverwaltung getroffenen Uebereinkommens, Behufs Kasernirung der Truppen, hergerichteten Gebäude bleiben außer Ansatz.

Nach geschehener Aufstellung ist das Kataster während 14 Tage öffentlich auszulegen und dies bekannt zu machen.

Erinnerungen gegen die Kataster sind sowohl Seitens der Militairbehörde, als auch Seitens der übrigen Interessenten innerhalb einer Präklusivfrist von 21 Tagen nach beendeter Offenlegung in den Städten bei dem Gemeindevorstand, in allen übrigen Ortschaften bei der vorgesetzten Kommunal-Aufsichtsbehörde anzubringen. Ueber dieselben entscheidet endgültig die obere Verwaltungsbehörde.

Nach erfolgter Erledigung der Erinnerungen werden die Kataster von den mit ihrer Aufstellung beauftragten Behörden definitiv abgeschlossen und darüber öffentliche Bekanntmachungen erlassen.

Die Aufstellung eines Katasters unterbleibt, wenn der Gemeindevorstand und die Gemeindevertretung dies übereinstimmend beschließen.

Anm. zu § 6. Werden gegen die für die Vertheilung der Quartierleistungen aufgestellten Kataster innerhalb der gesetzlich bestimmten Frist von 21 Tagen Erinnerungen erhoben, so hat hierüber in Betreff der Städte der Gemeindevorstand zu beschließen. Gegen den Beschluß findet innerhalb zwei Wochen die Beschwerde an den Bezirksausschuß statt. Der Beschluß des Bezirksausschusses ist endgültig. (cfr. § 51 des Zuständigkeitsgesetzes vom 1. August 1883).

§ 7.

Für die Landkreise resp. analogen Verbände derjenigen Bundesstaaten, welche Kreis- oder ähnliche Bezirksvertretungen haben, regeln Kommissionen, welche aus dem Landrath, Amtshauptmann u. s. w. und zwei Mitgliedern der Kreisversammlung bestehen, die Grundsätze und Ausführung der allgemeinen Vertheilung der Einquartierung auf den betreffenden Kreis.

In den Bundesstaaten, wo derartige Vertretungen nicht bestehen, bleibt der Landesgesetzgebung die Regulirung dieser Angelegenheit überlassen.

Die Grundsätze, nach welchen die Vertheilung der Quartierleistungen in jedem Gemeindebezirk erfolgen soll, werden durch Gemeindebeschluß oder durch ein Ortsstatut bestimmt, für deren Erlaß die für die Einführung von Gemeindesteuern vorgeschriebenen Formen maßgebend sind, und bis zu deren Zustandekommen die bisher für die betreffende Gemeinde geltenden Vorschriften über die Vertheilung der Quartierleistungen in Kraft bleiben.

Das Statut kann auch Festsetzungen über Aufbringung von Gemeindezuschüssen zu den Quartierentschädigungen oder über sonstige Geldausgleichung enthalten.

Durch Ortsstatut kann auch festgesetzt werden, daß in allen oder in bestimmt bezeichneten Fällen die einzuquartierenden Truppen in gemietheten Quartieren durch den Gemeindevorstand, bezüglich die Servisdeputation untergebracht und in welcher Weise die dadurch entstehenden Kosten aufgebracht werden sollen.

Den Besitzern der selbstständigen Gutsbezirke steht frei, sich Behufs Leistung der Einquartierungslast mit einem benachbarten Gemeindeverbande mit dessen Zustimmung zu vereinigen. In solchem Falle sind die Besitzer den Bestimmungen des Ortsstatuts unterworfen. Für solche selbstständige Gutsbezirke, die eine Vereinigung mit einer Gemeinde nicht abgeschlossen haben, muß in jedem einzelnen Falle die zunächst vorgesetzte Kommunal-Aufsichtsbehörde den Umfang der Quartierleistung unter Beobachtung der in den §§ 5 und 6 gegebenen Vorschriften bestimmen.

§ 8.

Die Verpflichtung zur Gewährung der Quartierleistungen tritt in den einzelnen Fällen in Wirksamkeit:

a) in der Garnison — durch Requisition der militairischen Kommandobehörde, beziehungsweise deren Beauftragten,

b) auf dem Marsche, bei Kommandos und im Kantonnement — durch die von der oberen Verwaltungsbehörde ausgefertigte Marschroute oder Quartieranweisung.

§ 9.

In den nach ihrer lokalen Beschaffenheit dazu geeigneten Ortschaften können besondere Quartierbezirke gebildet werden.

§ 10.

Den Quartierträgern ist gestattet, ihre Verbindlichkeit durch Gestellung anderweiter Quartiere zu erfüllen. Dieselben müssen jedoch allgemein den gesetzlichen Anordnungen entsprechen und auf Verlangen der im § 8 bezeichneten Behörden in den im § 9 bezeichneten Quartierbezirken belegen sein, bei der das Quartier vertheilenden Behörde angemeldet und von dieser geprüft werden. Erfolgt die Annahme solcher Quartiere, so übernimmt der Inhaber des Quartiers die Obliegenheiten des ursprünglich Verpflichteten.

Gegen die das anderweitige Quartier zurückweisende Verfügung der das Quartier vertheilenden Behörde findet keine Berufung statt.

§ 11.

Quartierträger, welche ihren Obliegenheiten nicht nachkommen, sind durch den Gemeindevorstand, beziehungsweise die vorgesetzte Kommunal-Aufsichtsbehörde unter Anwendung administrativer Zwangsmittel hierzu anzuhalten.

Zu letzteren gehört auch die Beschaffung anderweiter Quartierräume und der benöthigten Utensilien auf Kosten der Verpflichteten. Die Kosten sind in diesem Falle von dem Verpflichteten auf dem für die Einziehung der Gemeindeabgaben vorgeschriebenen Wege beizutreiben.

§ 12.

Beschwerden über mangelhafte oder nicht vollständige Quartierleistung sind durch die im § 11 genannten Behörden zur Stelle endgültig zu erledigen.

Zur Erhebung der Beschwerde ist befugt, in Garnisonen: der Garnisonälteste oder dessen Beauftragter; auf Märschen 2c.: der Truppenbefehlshaber, beziehungsweise der Fourieroffizier.

§ 13.

Beschwerden der Quartierträger sind durch die im § 11 bezeichneten Behörden in Gemeinschaft mit dem im § 12 bezeichneten Offizier zu erledigen. Können sich beide nicht einigen, so wird die Angelegenheit der höheren Verwaltungsbehörde zur endgültigen Entscheidung unter Zuziehung des Truppenkommandos vorgelegt.

Derartige Beschwerden in Einquartierungs-Angelegenheiten sind innerhalb vier Wochen statthaft.

§ 14.

Der Ortsvorstand kann nach Ablauf von drei Monaten einen allgemeinen oder theilweisen Wechsel der Quartiere vornehmen, nach Ablauf einer kürzeren Frist nur mit Zustimmung der Militairbehörde.

§ 15.

Die tarifmäßige Entschädigung (Servis) wird für jeden Einquartierungstag unter Ausschluß des Abgangstages mit 1/30 des Monatsbetrages gewährt.

Fällt Ankunft und Abzug auf Einen Tag, so findet eine Vergütung nicht statt. Für ganze Kalendermonate wird der Servis auf 30 Tage, ohne Rücksicht auf die Tageszahl des Monats, gezahlt.

Die Wintermonate umschließen die Zeit vom 1. Oktober bis 31. März.

Die Zahlung des Servises erfolgt an den Ortsvorstand, in Garnisonen allmonatlich.

Die Befriedigung der einzelnen Quartiergeber ist Sache des Ortsvorstandes.

§ 16.

Ueber die Zeit der wirklichen Quartierleistung hinaus wird der Servis fortgezahlt:

a. in der Garnison:
   1) für kommandirte, kranke, arretirte und beurlaubte Mannschaften vom Feldwebel abwärts, welche im Laufe des nächsten Monats in das Naturalquartier zurückkehren, sofern dasselbe reservirt und nicht anderweit benutzt worden ist;
   2. für die zu eigenen Stuben berechtigten Militairpersonen, sowie allgemein für

alle Chargen in mindestens auf 50 Mann kasernenmäßig eingerichteten Einquartierunghäusern während der Abwesenheit der Truppen zu den Uebungen;

3. während der Truppenübungen für die in Privat- oder Kommunalställen untergebrachten Pferde, sofern die Stallungen zum ausschließlichen Gebrauch des Militairs bestimmt und während der Abwesenheit nicht anderweit benutzt worden sind.

Dasselbe gilt unter gleichen Voraussetzungen für Kommandos, wenn die Pferde im Laufe des nächsten Monats zurückkehren;

b. im Kantonnement:

für die Quartiere der zu Uebungszwecken aus den Kantonnements ausgerückten Truppen, sofern kein Kantonnementswechsel stattgefunden hat.

§ 17.

Entschädigungsansprüche für gewährtes Naturalquartier, sowie alle Nachforderungen müssen zur Vermeidung der Verjährung spätestens im Laufe des Kalenderjahres, welches auf dasjenige folgt, in welchem die Zahlungsverpflichtung begründet worden ist, bei dem Gemeindevorstand, beziehungsweise der vorgesetzten Kommunal-Aufsichtsbehörde angemeldet werden.

Diese Frist läuft auch gegen Minderjährige und bevormundete, sowie moralische Personen, denen gesetzlich die Rechte der Minderjährigen zustehen, ohne Zulassung der Wiedereinsetzung in den vorigen Stand, jedoch mit Vorbehalt des Regresses gegen die Vormünder und Verwalter.

§ 18.

Die zu keinem Gemeindeverband gehörigen Güter stehen in allen durch dieses Gesetz berührten Beziehungen den selbstständigen Gutsbezirken gleich.

§ 19.

Das Bundespräsidium wird ermächtigt, unter Zustimmung des Bundesrathes bei hervortretendem Bedürfniß die Versetzung einzelner Orte aus einer niederen Servisklasse in eine höhere anzuordnen.

§ 20.

Alle den Vorschriften dieses Gesetzes zuwiderlaufenden landesgesetzlichen Bestimmungen werden aufgehoben.

Urkundlich unter Unserer Höchsteigenhändigen Unterschrift und beigedrucktem Bundes-Insiegel.

Gegeben Mainz, den 25. Juni 1868.

(L. S.) **Wilhelm.**

Gr. v. Bismarck-Schönhausen.

Beilage Littr. A.

Regulativ
für die Quartierbedürfnisse der bewaffneten Macht.

I. Garnisonquartier-Raumbedürfnisse.

Das Quartierbedürfniß besteht im Falle des § 2 Nr. 1 des Gesetzes für:

1. Feldwebel und die übrigen unter A 4 und B 11 genannten Chargen in
   je einer Stube von 225 Quadratfuß;
2. Portepeefähnriche und die im Tarife A 5 und B 12 erwähnten Chargen in
   je einer Stube von 150—180 Quadratfuß;
3. Unteroffiziere, Unter-Roßärzte und die im Tarife unter A 6 aufgeführten Militairpersonen in
   einer Stube von mindestens 180 Quadratfuß für je zwei Personen dieses Grades;
4. für alle übrigen Chargen in Schlafkammern.

§ 2.

Wird das Raumerforderniß der zu eigenen Stuben berechtigten Personen durch die überwiesenen Zimmer nicht erfüllt, so können zur Ergänzung auch Schlafkammern beigegeben werden.

Die Stuben sind bis 10 Uhr Abends zu erleuchten und im Winter zu heizen.

Beschaffenheit des Raumes.

§ 2.

Die Schlafkammern müssen mit verputzten oder dicht schließenden Wänden und Decken, einer ordnungsmäßigen Dielung, mit Fenstern, die geöffnet und geschlossen werden können, und, insofern die Kammern im oberen Stockwerke gelegen sind, auch mit einer gangbaren Treppe versehen, trocken und gegen Einfluß der Witterung gesichert sein.

Die Belegung der Kammern erfolgt, soweit es der vorhandene Raum gestattet, dergestalt, daß zwischen jeder Lagerstätte mindestens ein leerer Raum von drei Fuß und außerdem in der Kammer ein verhältnißmäßiger, gemeinschaftlich zu benutzender Raum zum Ankleiden und Reinigen verbleibt. Während des Tages hat der Quartiergeber den Aufenthalt der in Schlafkammern Einquartierten nach seiner Wahl in seinem eigenen oder einem anderen (Abends bis 9 Uhr erleuchteten und im Winter erwärmten) Wohnzimmer zu gestatten.

Ist eine solche Unterkunft der Einquartierten mit den häuslichen Verhältnissen des Quartiergebers nicht vereinbar, so muß derselbe an Stelle der Schlafkammern Stuben überweisen, die gehörig erwärmt und in der angegebenen Zeit erleuchtet sein müssen.

Die Belegung derselben ist nur soweit zulässig, als für jeden Mann ein körperlicher Raum von 420 Kubikfuß verbleibt.

Quartierausstattung.

§ 4.

An Utensilien, Geräth, Wäsche ꝛc. ist vom Quartiergeber zu gewähren:

a) für jede Person eine Bettstelle nebst Stroh, Unterbett oder Matratze, Kopfkissen und einer ausreichend wärmenden Decke mit Ueberzug oder ein Deckbett;

b) für jede Person ein Handtuch;

c) für jede Stube beziehungsweise Kammer, bei den im § 1 ad a genannten Chargen für je 4 Köpfe, ein Tisch von 3 bis 4 Fuß Länge und 2 bis 3 Fuß Breite mit Verschluß, ein Schrank oder eine verdeckte Vorrichtung zum Aufhängen der Montirungsstücke und der Waffen, zwei Stühle und Schemel, in den Gemeinenquartieren für jede Person ein Schemel;

d) das nöthige Wasch- und Trinkgefäß;

e) Benutzung des Kochfeuers und der Koch-, Eß- und Waschgeräthe des Quartiergebers.

Das Stroh in den Lagerstätten ist nach Ablauf von zwei Monaten zu erneuern, der Wechsel der Handtücher erfolgt wöchentlich, derjenige der

Bettwäsche bei jedesmaligem Quartierwechsel, spätestens allmonatlich, die Reinigung der wollenen Decken nach Bedarf, mindestens jährlich einmal.

Stallung.

§ 5.

Für Dienstpferde der Garnison sind Stallungen erforderlich, welche mit Raufen, Krippen und Lattirbäumen versehen, nicht dunkel, von angemessener Höhe und gehörig zu lüften sind.

Jeder Pferdestand muß 10 Fuß lang und 5 Fuß breit sein. Zu den vom Quartiergeber zu gewährenden Stallbedürfnissen gehört ferner: eine Vorrichtung zum Aufhängen des Sattelzeuges und der Geschirre im Stalle, ein Raum zur Aufbewahrung eines dreitägigen Fouragevoraths, Erleuchtungsmaterial, die Hergabe und Unterhaltung der Stallutensilien.

Letztere sind für 1 bis 10 Pferde:

ein Eimer,
eine Schaufel,
eine Futterschwinge,
eine Handlaterne,
eine Mistgabel,
ein bis zwei Besen,
eine Häckfellade,

und außerdem für jedes Pferd eine Halfterkette.

Bei Stallungen von 15 Pferden und darüber ist ein angemessener Raum für die Stallwacht zu reserviren.

Für kranke Pferde sind abgesonderte Stallungen anzuweisen.

§ 6.

Den Quartiergebern verbleibt der Dünger zur Verwerthung als Vergütung für Erleuchtungsmaterial und Stallutensilien. Bei zusammenhängenden Stallungen für eine Eskadron und darüber kann der Truppentheil die Quartiergeber mit deren Zustimmung gegen Aufgabe des Anspruchs auf den Dünger von der Unterhaltung des Utensils und der Verpflichtung zur Hergabe des Erleuchtungsmaterials entbinden.

II. Vorübergehende Quartier-Raumerforderniß.

§ 7.

In den Fällen des § 2 Nr. 2 des Gesetzes ist vom Quartiergeber zu gewähren:

1. für die Charge der Generale und der im Tarife B 8 genannten Militairbeamten

   3 Zimmer und 1 Gesindestube;

2. für die Charge der Stabsoffiziere und der im Tarife sub B 9 aufgeführten Militairbeamten

   2 Zimmer und 1 Gesindestube;

3. für die Charge der Hauptleute, Rittmeister,

Lieutenants und der Militairbeamten ad B 10 des Tarifs

1 Zimmer und 1 Burschen- resp. Dienergelaß;

4. für die Militairpersonen vom Feldwebel abwärts die Quartierbedürfnisse wie im § 1, 1 bis 4 unter den im § 9 enthaltenen Einschränkungen;
5. Stallungen in derjenigen Beschaffenheit, in welcher der Quartiergeber solche in seinem Wirthschaftsgebrauche benutzt;
6. Bureau-, Wacht- und Arresträume.

Ausstattung des Offizier- rc. Quartiers.

§ 8.

Jeder Offizier rc. hat Anspruch auf angemessene Ausstattung des Zimmers, zum Mindesten auf ein reines Bett, einen Spiegel, für jedes Zimmer auf einen Tisch und einige Stühle, auf einen Schrank und Wasch- und Trinkgeschirr.

Für Beheizung und Erleuchtung der überwiesenen Zimmer ist Seitens der Quartiergeber zu sorgen, auch die gleichzeitige Benutzung des Kochfeuers und des Eßgeschirrs zu gestatten.

Die Ausstattung der Gesindestuben, Burschen- und Dienstgelasse auf die Zahl der mitgeführten Diener ist dieselbe wie diejenige der Mannschafts-Quartiere.

Mannschafts-Quartiere.

§ 9.

Von den im § 1 ad 2 genannten Militairpersonen können zwei desselben Grades in Ein Zimmer gelegt werden. In der Verpflichtung zu Hergabe der Utensilien und Geräthe wird hierdurch nichts geändert.

Die daselbst ad 4 erwähnten Personen müssen, wenn Schlafkammern, Betten oder Decken nicht gewährt werden können, sich mit einer Lagerstätte aus frischem Stroh, welches in angemessenen Zeiträumen spätestens nach achttägiger Benutzung zu erneuern ist, in einem gegen die Witterung gesicherten Obdache und mit einer Gelegenheit zum Aufhängen oder Niederlegen der Montirungs-, Ausrüstungsstücke und Waffen begnügen.

Stallungen.

§ 10.

Für die Stallungen ist an Streustroh, Stalllicht, Stalleinrichtung und Stallgeräth nur das Nothwendigste und Hausübliche zu beanspruchen.

Der Dünger verbleibt dem Quartiergeber.

Geschäfts-, Wacht- und Arrestlokalien.

§ 11.

Geschäftszimmer für die Truppen und Administrationen sind mit zweckdienstlicher Einrichtung, mindestens mit zwei Tischen und einigen Stühlen, Wachtlokale mit zwei Bänken, einem Tische, einer Pritsche oder Streu zu versehen.

Sind disponible Arrestlokale vorhanden, so sind diese den Truppen auf Erfordern zu überweisen. Anderenfalls genügt ein Raum zur Unterbringung der Arrestanten.

Die Beheizung dieser hier genannten Lokalien und die Erleuchtung der Geschäfts- und Wachträume liegt den Quartiergebern ob.

III. Allgemeine Bestimmungen.

§ 12.

Stadttheile, die allgemein als der Gesundheit nachtheilig anerkannt sind, im Bau begriffene Häuser, feuchte Kellerwohnungen und andere ungeeignete oder nicht gehörig geschützte Räumlichkeiten dürfen mit Militairpersonen nicht belegt werden.

§ 13.

Die Quartiere der Offiziere ꝛc., die Gesindestuben sowie die Burschen- und Dienergelasse müssen in denselben Häusern, Stallungen innerhalb der für die Kompagnie oder Eskadron ꝛc. bestimmten militairischen Quartierbezirke in möglichster Nähe der Quartiere gewährt werden.

Miethsquartiere (§ 10 des Gesetzes) müssen

innerhalb desselben militairischen Quartierbezirks belegen sein, welchem der verpflichtete Quartiergeber angehört.

§ 14.

Die Zuweisung der Quartiere 2c. an die Truppen erfolgt mittelst Quartierbillets, welche vom Ortsvorstande ausgefertigt werden.

Dieselben enthalten die genaue Bezeichnung der zu belegenden Quartiere mit Beifügung der Charge und Kopfzahl der Einquartierenden und dienen den Truppen zur Legitimation den einzelnen Quartiergebern gegenüber, denen sie demnächst gegen Gewährung des Quartiers ausgehändigt werden.

§ 15.

Revisionen belegter Quartiere können durch Organe des Ortsvorstandes, der vorgesetzten Verwaltungsbehörde, sowie der Truppenbefehlshaber jederzeit erfolgen.

II. Instruktion zur Ausführung des Gesetzes, betreffend die Quartierleistung für die bewaffnete Macht während des Friedenszustandes, vom 31. Dezember 1868.

§ 1.

Die Verpflichtung der Bundesangehörigen zur Quartierleistung ist eine subsidiaire. Sie tritt nur in dem Falle und nur insoweit in Wirksamkeit, als das militairische Bedürfniß an dem mit Einquartierung zu belegenden Orte weder durch fiskalische Kasernen und Stallungen, noch durch freiwillig gestellte Quartiere oder Privatkasernements vollständig gedeckt wird.

§ 2.

Zur Einquartierung können alle, ihrer Beschaffenheit nach zur Unterbringung von Mannschaften und Pferden geeigneten Räume, mit alleiniger Ausnahme der nach § 4 des Gesetzes befreiten, sowie derjenigen in Anspruch genommen werden, welche für das eigene Wohnungs-, Wirthschafts- und Gewerbebetriebs-Bedürfniß des Inhabers unentbehrlich sind.

Alle bisherigen im § 4 des Gesetzes nicht genannten landesgesetzlichen Befreiungen, gleichviel, ob sich dieselben auf ganze Distrikte oder Ortschaften oder einzelne Kategorien von Personen oder Grundstücken bezogen, sind aufgehoben.

Inwieweit für den Fortfall der Befreiung Entschädigung aus öffentlichen Kassen in Anspruch zu nehmen ist, bleibt nach den Landesgesetzen zu beurtheilen.

Alle für die Befreiung bisher an den Staat gezahlten Abgaben u. s. w. kommen mit dem Inkrafttreten des Gesetzes in Wegfall.

§ 3.

Nach § 5 des Gesetzes erfolgt die örtliche Vertheilung der Quartierleistung auf die Gemeinden und selbstständigen Gutsbezirke im Ganzen, und bleibt die Untervertheilung nach Maßgabe des Ortsstatuts, beziehungsweise bis zum Zustandekommen eines solchen nach Maßgabe der bisher für die betreffende Gemeinde geltenden Vorschriften (§ 7 des Gesetzes) dem Gemeindevorstande oder der Servisdeputation, beziehentlich den Besitzern der selbstständigen Gutsbezirke überlassen, welche sich in Bezug auf die Einquartierung einer Nachbargemeinde nicht angeschlossen haben.

Ist ein solcher Anschluß (§ 7 des Gesetzes) erfolgt, so liegt die Untervertheilung auch innerhalb des Gutsbezirkes dem Vorstande der Anschlußgemeinde, beziehentlich der Servisdeputation ob.

Die mit der Untervertheilung der Quartierleistung beauftragten Organe sind auch für die gehörige und rechtzeitige Erfüllung der Leistung verantwortlich.

§ 4.

Die Grundsätze für die Vertheilung der Einquartierung auf alle, beziehungsweise auf einzelne Ortschaften der Landkreise oder ähnlicher Verbände werden durch die nach § 7 des Gesetzes zu bildenden Kommissionen im Voraus festgestellt.

Denselben liegt namentlich ob, die Belegungsfähigkeit der einzelnen ländlichen Ortschaften nach Maßgabe des vorhandenen Raumes und der sonst in Betracht kommenden lokalen Verhältnisse zu ermitteln.

Die Resultate dieser Ermittelungen sind von ihnen in besonderen Nachweisungen zusammengetragen, welche der oberen Verwaltungsbehörde eingereicht werden und zum Anhalte bei Ausstellung von Marschrouten und für die Bestimmung des Umfanges der Quartierleistung im besonderen Falle dienen (§ 6 dieser Instruktion).

§ 5.

Die Belegung einer Ortschaft mit Garnison erfolgt in jedem einzelnen Falle auf Grund Allerhöchster Entscheidung des Bundesfeldherrn, welcher eine Kommunikation des Generalkommandos mit der oberen Verwaltungsbehörde über die Zulässigkeit der Belegung und die Garnisonstärke voranzugehen hat.

Nach erfolgter Entscheidung wird die Belegung durch Requisition der militairischen Kommandobehörde beziehentlich deren Beauftragte an den Gemeindevorstand oder die sonstigen Organe für die Unterverteilung der Einquartierung (§ 3 dieser Instruktion) zur Ausführung gebracht.

§ 6.

Für Kantonnements und Märsche tritt die Verpflichtung zur Quartierleistung auf Grund der von der oberen Verwaltungsbehörde ausgefertigten Marschroute in Wirksamkeit, welche die Zahl der unterzubringenden Militairpersonen und Dienstpferde, sowie die zur Aufnahme bestimmten Ortschaften anzugeben hat.

Die Marschroute, deren Original das Kommando der marschirenden Truppe erhält, wird von der ausstellenden Behörde der Kommunal-Aufsichtsbehörde des mit Einquartierung zu belegenden Bezirks (Landrath, Amtshauptmann, Amtmann u. s. w.) in Abschrift mitgetheilt, welche letztere die in Anspruch zu nehmenden Gemeinden oder Besitzer selbstständiger Gutsbezirke sofort mit Nachricht versieht und dabei über den Umfang und die Vertheilung der Quartierleistung nähere Bestimmung trifft.

Gemeindevorstände, welche in kommunaler und polizeilicher Hinsicht der unmittelbaren Aufsicht der oberen Verwaltungsbehörde unterliegen, empfangen die Abschrift der Marschroute durch diese letztere direkt.

Ist die rechtzeitige Benachrichtigung durch die Kommunal-Aufsichtsbehörde unthunlich, so tritt die Verpflichtung zur Quartierleistung schon durch die Vorzeigung der Marschroute Seitens des Truppenkommandos oder der Fouriere in Wirksamkeit.

Machen die Lokalverhältnisse oder außerordentliche Umstände Abweichungen von der Marschroute erforderlich, so werden dieselben im Einverständniß mit dem Truppenkommando oder dem Fouricroffizier durch die Kommunal-Aufsichtsbehörde angeorgnet. Eine derartige Anordnung, von welcher in erheblicheren Fällen der oberen Verwaltungsbehörde Anzeige zu machen ist, begründet die Verpflichtung zur Quartierleistung in gleicher Weise, wie die Marschroute.

§ 7.

Hinsichtlich der Einquartierungskataster in den Garnisonorten (§ 6 des Gesetzes) gelten die nachfolgenden Vorschriften:

1. die Aufstellung erfolgt alljährlich durch den Gemeindevorstand resp. die Servisdeputation;
2. in das Kataster sind alle zur Einquartierung benutzbaren Gebäude des Gemeindebezirks und der etwa angeschlossenen selbstständigen Gutsbezirke unter Angabe der Ortsnummer, sowie der Namen der Eigenthümer und der Inhaber einzelner Gebäudetheile einzutragen;
3. bei jedem einzelnen Gebäudetheile ist unter Berücksichtigung des eigenen, auf das Maß des Unentbehrlichen beschränkten Wohnungs-, Wirthschafts- und Gewerbebetriebs-Bedürfnisses des Inhabers in einer besonderen Kolonne die höchste Zahl der Mannschaften

vom Feldwebel abwärts beziehungsweise der Dienstpferde zu vermerken, welche darin untergebracht werden kann;

4. bei ganzen Gebäuden oder einzelnen Theilen derselben, denen Befreiungen nach § 4 des Gesetzes zustehen, bedarf es des Vermerkes zu 3. nicht, vielmehr ist an Stelle desselben der Grund der Befreiung einzutragen;

5. Räume, welche Behufs Unterbringung von Militairpersonen vom Feldwebel abwärts oder von Dienstpferden vermiethet sind, bleiben für die Dauer des Miethsverhältnisses von der Einquartierung frei, und ist dies entsprechend wie bei 4. zu verwerken.

§ 8.

Die nach Maßgabe des Vorstehenden angefertigten und nach Vorschrift des § 6 des Gesetzes endgültig festgestellten und veröffentlichten Kataster bestimmen den Umfang, in welchem die garnisonmäßigen Quartierleistungen von der Gemeinde im Ganzen gefordert werden können, und bilden zugleich die Grundlage für deren reale Untervertheilung in der Art, daß die in den Katastern verzeichneten Maximalsätze nicht überschritten werden dürfen.

Ist die Aufstellung eines Katasters in Folge übereinstimmenden Beschlusses des Gemeindevorstandes und der Gemeindevertretung unterblieben (§ 6 des Gesetzes), so hat der Gemeindevorstand beziehungsweise die Servisdeputation für die Befriedigung des garnisonmäßigen Quartierbedürfnisses lediglich nach Maßgabe der §§ 1 bis 4 des Gesetzes und des Ortsstatuts Sorge zu tragen.

§ 9.

Die Aufstellung eines Ortsstatuts beziehentlich ein Gemeindebeschluß über die Grundsätze, nach welchen die Vertheilung der Quartierleistungen geschehen soll, muß für jeden Gemeindebezirk erfolgen, gleichviel ob derselbe mit Garnison belegt ist oder nicht (§ 7 Alinea 3 des Gesetzes). Die Kommunal-Aufsichtsbehörde hat auf die schleunige diesfällige Beschlußfassung hinzuwirken, wobei für Garnisonorte die Aufnahme einer Festsetzung in das Ortsstatut thunlichst zu befördern ist, durch welche dem Gemeindevorstande beziehungsweise der Servisdeputation die Befugniß eingeräumt wird, die einzuquartierenden Truppen in gemietheten Quartieren unterzubringen. In diesem Falle muß das Ortsstatut zugleich über die Art der Aufbringung der entstehenden Kosten disponiren (§ 7 Alinea 5 des Gesetzes).

Anm. zu § 9. Ueber die Bestätigung von Gemeindebeschlüssen oder Ortsstatuten wegen Vertheilung der Quartierleistungen und sonstigen Naturalleistungen [Vorspann, Naturalverpflegung, Fourage] (§ 7 des Ges.

vom 25. Juni 1868 und § 7 des Ges. vom 13. Februar 1875) beschließt der Kreisausschuß. (cfr. § 50 des Zuständigkeitsgesetzes vom 1. August 1883).

§ 10.

Die Marschrouten sind nach dem sub Littr. A beigefügten Formulare auszustellen.

Das sub Littr. B anliegende Verzeichniß ergiebt, welche oberen Verwaltungsbehörden in den einzelnen Bundesstaaten zur Ausstellung der Marschrouten befugt sind, und welchen Behörden die örtliche Zuweisung der Einquartierung obliegt.

Für besonders schleunige Fälle haben die oberen Verwaltungsbehörden den Generalkommandos vollzogene Blankets zu Marschrouten zur selbstständigen Ausfüllung zur Verfügung zu stellen. Wird Seitens der Generalkommandos von denselben Gebrauch gemacht, so ist gleichzeitig ein Duplikat des ausgefüllten Blankets der oberen Verwaltungsbehörde mitzutheilen.

§ 11.

Die Zuweisung der Einquartierung an die einzelnen Quartierträger erfolgt in jedem Falle mittelst besonderer Quartierbillets nach dem sub Littr. C beigefügten Formular. Hierbei werden gleichgerechnet je eine der Chargen:

zu	1	und	8	des Servistarifs	= 30	Gemeinen,
=	2	=	9	= =	= 20	=
=	3	=	10	= =	= 10	=

zu	4	und	11	des	Servistarifs	= 5	Gemeinen,
"	5	"	12	"	"	= 3	"
"	6	"	13	"	"	= 2	"

Welche Quartiere für die vorstehend bezeichneten Chargen und welche für die Gemeine in Anspruch zu nehmen sind, wird nach dem militairischen Bedürfnisse, beziehungsweise unter Zugrundelegung der im § 7 des Regulativs (Beil. Littr. A des Gesetzes) enthaltenen Vorschriften bestimmt.

§ 12.

Die Ausfertigung der Quartierbillets für einen Gemeindebezirk und die angeschlossenen Gutsbezirke erfolgt durch den Gemeindevorstand beziehungsweise die Servisdeputation.

In den an einen Gemeindebezirk nicht angeschlossenen selbstständigen Gutsbezirken bedarf es der Ausstellung von Quartierbillets nur in dem Falle, wenn auch die Hintersassen des Gutes zur Quartierleistung herangezogen werden sollen. In diesem Falle erfolgt die Ausstellung durch den Besitzer des Gutsbezirkes oder dessen Stellvertreter.

Von den Kommunal-Aufsichtsbehörden ist darauf zu halten, daß in den einzelnen Ortschaften Quartierbillets vorräthig sind, wobei es sich empfiehlt, für Quartier mit und ohne Verpflegung verschiedenfarbige Billets zu wählen.

§ 13.

Müssen wegen verweigerter oder unvollständiger Quartierleistung Zwangsmittel gegen Quartierpflichtige in Anwendung gebracht werden, und ist der Zweck nicht anders, als durch Uebertragung der ganzen oder theilweisen Leistung auf Dritte zu erreichen, so sind die Gemeindevorstände berechtigt, den erforderlichen Vorschuß aus der Gemeindekasse zu entnehmen. Bis zur Höhe des Vorschusses können auch die auf den Pflichtigen entfallenden Servisvergütungen einbehalten werden.

§ 14.

Wird ein allgemeiner Quartierwechsel nach Ablauf von drei Monaten beabsichtigt (§ 14 des Gesetzes), so hat der Ortsvorstand unter Angabe des neuen Quartierbezirks den Truppentheil noch vor Beginn des dritten Monats hiervon in Kenntniß zu setzen.

§ 15.

Ueber die in den Garnisonen Seitens der einzelnen Truppentheile gezahlten Servisvergütungen stellen die Gemeinde-Vorstände nach dem sub Littr. D beigefügten Formular Quittungen aus.

Für Quartiergewährung in Kantonnements und auf Märschen empfangen die Ortschaften von den Truppentheilen Quartierbescheinigungen nach dem sub Littr. E beigefügten Formular.

Auf Grund dieser Bescheinigungen liquidiren in den Städten die Gemeindevorstände, auf dem Lande die Kommunal-Aufsichtsbehörden die Servisentschädigungen nach dem sub Littr. F beigefügten Formular in Zeitabschnitten von drei Monaten bei der Intendantur desjenigen Armeekorps, welchem der Truppentheil angehört.

Die Auszahlung des Servises erfolgt an die mit der Untervertheilung der Einquartierung (Ausstellung der Quartierbillets) beauftragten Organe.

Anm. zu § 15 Abs. 3. An die Stelle des dritten Absatzes ist durch den Allerhöchsten Erlaß vom 3. September 1870 die nachstehende Vorschrift getreten:

Auf Grund dieser Bescheinigungen lipuidiren in den Städten die Gemeindevorstände, auf dem Lande die Kommunal-Aufsichtsbehörden die Servisentschädigungen nach dem unter Littr. F beigefügten Formular in Zeitabschnitten von drei Monaten bei derjenigen Intendantur, zu deren Bezirk die mit Einquartierung belegten Ortschaften gehören.

§ 16.

Wo nach der Bestimmung des § 15 des Gesetzes keine Vergütung für die Quartierleistung gewährt wird, ist unter der Bezeichnung: „Tag" der bürgerliche Tag von Mitternacht zu Mitternacht zu verstehen.

§ 17.

Die durch den Anhang zur Klasseneintheilung der Orte (Beil. Littr. G des Gesetzes) für die zum Zwecke der Artillerie-Schießübungen zu beschaffenden, sowie für sonstige vorübergehende Quartierleistungen bewilligten höheren Servisvergütungen beginnen erst mit der wirklichen Eröffnung der Artillerie-Schießübungen, beziehentlich nach Ablauf einer ununterbrochenen Kantonnementszeit von 30 Tagen ohne Quartierwechsel.

§ 18.

In der gesetzlichen eventuellen Verpflichtung der Gemeindevorstände zur Uebernahme der Garnisonverwaltungs-Geschäfte in den Garnisonen wird nichts geändert.

Berlin, den 31. Dezember 1868.

Der Kanzler des Norddeutschen Bundes.
Gr. v. Bismarck-Schönhausen.

Der Kriegsminister.
v. Roon.

Gedruckt bei W. Gesellius in Demmin.

Rob. Rohde, Berlin, Potsdamerstr. 26b.

Kolibri 360 GmbH
Ferdinand-Jühlke-Straße 7
99095 Erfurt, Deutschland
produktsicherheit@kolibri360.de